안녕, 스피치!

"아이와 엄마가 행복한 말하기"

아이와 엄마가 행복한 말하기
안녕, 스피치!

초판 1쇄 발행 2021년 3월 22일

지은이 조명실
펴낸이 장현수
펴낸곳 메이킹북스
출판등록 제 2019-000010호
제작지원 (주) 마플누구나

디자인 장지연
편집 안영인, 장지연
교정 강인영
마케팅 오현경

주소 서울특별시 금천구 가산디지털1로 142, 312호
전화 02-2135-5086
팩스 02-2135-5087
이메일 making_books@naver.com
홈페이지 www.makingbooks.co.kr

ISBN 979-11-91472-23-3(73370)
값 15,000원

ⓒ 조명실 2021 Printed in Korea

잘못된 책은 구입하신 곳에서 바꾸어 드립니다.
이 책의 전부 또는 일부 내용을 재사용하려면 사전에 저작권자와 펴낸곳의 동의를 받아야 합니다.

홈페이지 바로가기

메이킹북스는 저자님의 소중한 투고 원고를 기다립니다.
출간에 대한 관심이 있으신 분은 making_books@naver.com으로 보내 주세요.

| 제품명: 안녕, 스피치! | 제조자명: 메이킹북스 | 제조국명: 대한민국 |
| 주소: 서울특별시 금천구 가산디지털1로 142, 312호 | | 전화: 02-2135-5086 |

* KC마크는 이 제품이 공통안전기준에 적합하였음을 의미합니다.

⚠ 주의 아이들이 책을 입에 대거나 모서리에 다치지 않게 주의하세요.

단 14일! 아이의 **자신감**을 높여주는 스피치 습관

"아이와 엄마가 행복한 말하기"

안녕, 스피치!

조명실 지음

❋ 스피치 훈련이 지루하지 않도록 **즐겁게!**
❋ 자신의 감정을 자신감 있게 **표현할 수 있게!**
❋ 7세 아동이 봐도 이해될 정도로 **쉽게!**

메이킹북스

> **키즈 스피치
> 왜 필요할까요?**

우리 아이가 자신을 괴롭히는 친구에게
한마디 말도 못 하고 속상해하며 온 적이 있나요?
학교 공개 수업에서 발표하는 모습을 보고
답답함을 느끼셨던 적이 있으셨나요?

한 번 들인 언어 습관은 나비 효과가 되어
아이의 인생을 좌지우지하게 됩니다.

우리 아이가 그 어떤 자리에서도
똑 부러지게 말하고 표현하는 모습,
상상해 보셨나요?

한 권의 책으로 시작하는
내 아이의 스피치 자신감 높이기
지금 시작해보세요.

추천사

안성 만정초등학교 교장 김태호

오래전, 내가 처음 초등학교 교사로 발령을 받아 교실에 들어갔을 때 구석에 조용히 앉아 있는 한 아이가 있었습니다. 그 아이는 항상 조용하고 말이 없었으며 자신감 또한 부족했습니다. 하지만 눈빛은 언제나 맑은 아이였습니다. 그리고 늘 책을 읽으며 글을 썼지요. 나는 그 아이가 글을 써올 때마다 칭찬을 해주었습니다. 시간이 갈수록 그 아이는 성격이 밝아졌고 여러 대회에 나가서 상도 많이 받으며 자신감도 높아져 갔습니다. 그 아이는 자라서 연극배우가 되었고, 훌륭한 스피치 선생님이 되었습니다. 그 아이가 조명실 선생님입니다. 어렸을 때는 자신감이 없었던 한 아이가 이렇게 훌륭한 선생님이 되고, 좋은 책을 낸다는 것에 예전 선생님으로서 감동이 밀려옵니다. 수십 년 교직 생활을 통해 가장 크게 느낀 점은 교육을 통해 누구나 훌륭하게 변화할 수 있다는 것입니다. 이 책과 조명실 선생님의 지도를 통해 많은 학생들이 스피치에 자신감을 갖고 미래에 훌륭한 인재로 성장하리라 확신합니다.

차례

프롤로그 … 12
체크리스트 1. 나 자신을 알자 … 14
체크리스트 2. 목표를 세우자 … 15
다짐 낭독 문장 … 16

PART 1. 스피치 훈련

Chapter 1

부모님 오리엔테이션 … 18
얼굴 스트레칭 … 22
풍선 호흡 … 28
수박 발성 훈련 … 29
아 입 모양 훈련 … 30
아 입 모양 게임 … 31
나 몸짓 언어 … 32
스피치 인사하는 법 … 34
스피치 인사하는 법 적용하기 … 36
자기소개가 왜 중요할까? … 37
나무젓가락 자기소개 … 38
스피치 상담소 … 39

Chapter 2

얼굴 스트레칭 … 40
풍선 호흡 … 46
내가 최고야 발성 훈련 … 47
어 입 모양 훈련 … 48
어 입 모양 게임 … 49
여러분 몸짓 언어 … 50
대중 발표 경험이 왜 중요할까? … 52
나무젓가락 낭독 연습 -대중 연설- … 53
스피치 상담소 … 54
스피치 놀이터 -속담을 만들어 보자- … 56

Chapter 3

얼굴 스트레칭 … 58
휴지 호흡 … 64
허밍 발성 훈련 … 66
오 입 모양 훈련 … 67
오 입 모양 게임 … 68
숫자 몸짓 언어 … 69
반장 선거는 왜 해야 할까? … 71
나무젓가락 낭독 연습 -반장 선거- … 73
스피치 상담소 … 74

Chapter 4

얼굴 스트레칭 … 77
비눗방울 호흡 … 83
무지개 발성 … 84
우 입 모양 훈련 … 86
우 입 모양 게임 … 87
손날 몸짓 언어 … 88
토의는 왜 해야 할까? … 90
나무젓가락 낭독연습 -토의하기- … 92
스피치 상담소 … 93

Chapter 5

얼굴 스트레칭 ··· 94
개구리 뒷다리 호흡 ··· 100
계단 발성법 ··· 101
으 입 모양 훈련 ··· 103
으 입 모양 게임 ··· 104
함께 몸짓 언어 ··· 105
토론은 왜 중요할까? ··· 107
나무젓가락 낭독연습 -토론하기- ··· 108
스피치 상담소 ··· 109
어휘력 훈련 실습 ··· 110

Chapter 6

얼굴 스트레칭 ··· 112
비닐봉지 호흡 ··· 118
스타카토 발성 훈련 ··· 119
이 입 모양 훈련 ··· 120
이 입 모양 게임 ··· 121
엄지손 몸짓 언어 ··· 122
시 창작은 왜 중요할까? ··· 124
나무젓가락 시 창작, 낭독 연습 ··· 126
스피치 상담소 ··· 127
스피치 놀이터 ··· 130

Chapter 7

얼굴 스트레칭 … 131
복식 호흡이란? … 137
복식 호흡 … 138
된소리 발성 훈련 … 139
된소리 연습 … 140
다양한 주제 입 모양 게임 … 146
몸짓 언어 복습하기 … 147
스피치 상담소 … 148

PART 2. 심화 발음 연습

Chapter 8

들어가는 말 … 154
'에'와 '애' 발음 … 156
미소가 예뻐지는 에와 애 발음 연습 … 158

Chapter 9

이중 모음 연습하기 … 160
이중 모음 발음 연습 … 161

Chapter 10

어려운 리을 발음 연습하기 ⋯ 162
어려운 리을 발음 정복하기 ⋯ 163
스피치 상담소 ⋯ 164

PART 3. 4일 연기 표현력 트레이닝

Chapter 11

연기로 배우는 표현 훈련 ⋯ 168
연기 기초 훈련 발음 ⋯ 169
표정 알아맞히기 ⋯ 170
풍선으로 연습하는 기쁜 감정 ⋯ 171
기쁜 감정 연기 대사 ⋯ 173
감정 스피치 ⋯ 174
기쁜 감정 스피치 ⋯ 176

Chapter 12

두 개의 감정 훈련 ⋯ 178
풍선으로 부정적 감정 표현 ⋯ 179
화난 감정 연기 대사 ⋯ 180
화난 감정 스피치 ⋯ 181

Chapter 13

- 감정 빙고 ··· 184
- 한정된 대사로 만드는 상황극 ··· 186
- 슬픈 연기 대사 ··· 188
- 슬픈 감정 스피치 ··· 189

Chapter 14

- 속담 몸짓 언어 훈련 ··· 192
- 가나다 대본 만들기 ··· 193
- 즐거운 감정 연기 대사 ··· 195
- 즐거운 감정 스피치 ··· 196
- 스피치 습관 후 느낀 점 쓰기 ··· 198
- 나무젓가락 낭독 연습 -다짐 문장- ··· 199

- 에필로그 ··· 200
- 초등학교 연기 수업 학생들 후기 ··· 202
- 부모님 후기 글 ··· 203
- 클래스톡 키즈 스피치 온라인 강의 후기 ··· 204

아이가 학교에서 폭력을 당한 적이 있으신가요?

여기에서 말하는 폭력은 신체적으로 가해지는 폭력을 일컫기도 하지만
마음이 상처받는 것도 포함이 됩니다.
놀랍게도 97%의 아이가 학교에서 폭력을 경험한다고 합니다.
저에게도 그런 학생이 있었습니다.

멱살을 잡고 위협을 가하는 친구에게 한마디 말도 하지 못했습니다.
학교에서 자신의 감정을 표현하기 어려워하던 아이는
당연히 부모에게 속마음을 말하기까지 상당한 시간이 걸렸습니다.
아이가 부모님에게 말을 꺼내놓았을 때는
이미 폭력이 오랜 시간 지속됐던 상태였죠.
어머니는 속상해하시면서 저에게 말씀하셨습니다.

우리 아이가 자기표현을 잘하지 못해요.
심지어 폭력을 당하던 때도 아무런 말을 하지 못했다고 해요.

그 순간 제 몸이 덜덜 떨리도록 마음이 아팠습니다.
저는 마음을 추스르고 어머니에게 이렇게 말했습니다.

제일 처음으로 아이를 안아주세요!
그리고 단 한마디 말만 가르쳐주세요!
"하지 마!" 그 한마디만 함께 연습해주세요!

그 아이는 다음날 같은 상황에서 힘겹게 첫마디를 할 수 있었습니다.

"하지 마!"

3음절의 말이 아이를 살렸습니다.
이 사건이 제가 스피치 서적을 쓰게 된 이유입니다.
스피치는 자라나는 아이들에게 안전벨트의 역할을 합니다.
우리 아이가 다른 아이를 이기는 스피치를 배우는 것보다 우선인 것은
아이 스스로가 자신을 지킬 수 있는 언어 습관을 형성시켜 주는 것입니다.
말은 자신을 지키는 도구이자 표현의 수단이기 때문입니다.

스피치라는 나비 효과가
내 아이의 마음이 편해지는 말하기가 될 때까지
모두 스피치 놀이터로 놀러오세요.
언제든 쉬고 싶으면 책을 덮어도 괜찮아요!

체크리스트 1

😊 나 자신을 알자

현재 부모님과 아이의 발음 상태는?
체크리스트로 점검해보자.

체크 부분	점검 사항	점검
입 근육	1. 홍합을 열 번 발음하면 호마라고 발음된다.	
	2. 립트릴(입 풀기)을 하기 어렵다.	
	3. 말을 할 때 입술을 잘 움직이지 않는다.	
혀 근육	1. 똑딱 10번을 하기 어렵다.	
	2. 시옷 발음이 정확하게 발음되지 않는다.	
	3. 새우 로얄 뉴 로얄 발음이 어렵다.	
호흡점검	1. 말의 끝이 염소처럼 떨린다.	
	2. 주변에서 어떤 말을 했는지 되묻는다.	
	3. 복식 호흡하는 방법을 모른다.	

위에 내용에서 하나라도 해당된다면 스피치 훈련을 지금 당장 시작해야 합니다.
발음을 정확하게 하지 못하는 것에는 3가지 이유가 있습니다.

1. 입의 근육이 부족해서 모음을 정확하게 발음하지 못한다.
2. 혀의 근육이 부족해서 자음을 정확하게 발음하지 못한다.
3. 모음의 입 모양을 정확하게 모른다.

아이와 부모님의 말하기 습관 중에 어떤 것이 어려운지 체크해주세요.

체크리스트 2

💡 목표를 세우자

왜 변화하고 싶나요?
변하고 싶은 구체적인 이유를 알면 빠르게 변화할 수 있습니다.
스피치를 하면 어떤 것이 좋아질까요?
친구들 앞에서 당당하게 발표하는 자신의 모습을 생각해보세요.

부모님이 스피치를 통해서 변화하고 싶은 것	
1	
2	
3	

아이가 스피치를 통해서 변화하고 싶은 것	
1	
2	
3	

제가 가르치는 아이 중 한 명은 친구들에게 좋지 못한 발음으로 따돌림을 당하곤 했습니다. 하지만 스피치 훈련을 통해서 2학기 때는 학급 회장이 될 정도로 달라졌지요. 여러분도 스피치를 통해서 행복한 말하기를 깨닫고 자신의 생각을 자신감 있게 표현했으면 좋겠습니다. 여러분은 반드시 할 수 있습니다!

다짐 낭독 문장

다음의 다짐 문장을 부모님과 함께 소리 내어 읽고 녹음합니다.
스마트폰에 녹음을 하여 저장한 뒤
지우지 말고 14일 트레이닝이 끝난 뒤 비교해봅니다.

나는 세상에서 가장 소중한 _____ 입니다.

첫째, 나와 약속한 14일의 스피치 시간을 꼭 지킬 것이다.

둘째, 14일 후에는 자신감 있는 나로 변할 것이다.

셋째, 혼자 연습하지 않고 부모님과 함께할 것이다.

나는 내가 해낼 것을 믿는다.

년   월   일

서명 :

부모님 서명 :

부모님 오리엔테이션

아이들의 발음이 어눌해서 많이 답답하시죠? 발표할 때는 어떤가요?
우리 아이가 똑 부러지게 발음을 하고
대중에게 신뢰감을 줄 수 있다면 얼마나 좋을까요?
다른 아이의 이야기일까요? 아닙니다. 우리 아이의 이야기가 될 수 있습니다.

여러분, 우리가 헬스장에 갔다고 생각해 봅시다.
운동 전에는 긴장을 풀기 위해 스트레칭으로 시작합니다.
운동을 시작하면 자신에게 맞는 근력 운동으로 점점 강도를 높입니다.
마지막으로 정리 운동으로 심박수를 낮추고 뭉친 근육들을 풀어줍니다.
제가 우리 아이들에게 알려주고 싶은 것도 헬스와 같습니다.

아이들이 발음을 잘하지 못하는 기능상의 문제는
입술과 혀의 근력이 없기 때문입니다.
입술과 혀의 근력을 만들고 이완 훈련으로 잘 풀어주기만 해도
발음하기 좋은 상태가 되는 것입니다.

발음 훈련을 어떻게 진행하는지 부모님이 먼저 이해하고 그것을 바탕으로
아이들에게 상세히 설명해주셔서
부모님이 직접 우리 아이의 스피치 선생님이 되어주세요.
어린이 스피치 루틴은 다음과 같은 과정으로 이루어져 있습니다.

1. 얼굴 스트레칭

입술과 혀를 집중적으로 스트레칭하고
주변 안면 근육들을 풀어주어 발음하기 좋은 상태로 만듭니다.

2. 호흡

숨을 강하게 뱉는 훈련과 장호흡(긴 호흡), 단호흡(짧은 호흡)을
번갈아 연습하여 호흡을 탄탄하게 키웁니다.

3. 발성

소리에 음역대가 있다는 것을 아시나요?
낮은 도에서 높은 도까지 음역대를 골고루 사용하여
성대의 긴장감을 해소하고 아이가 자신감 있게 발성할 수 있도록 합니다.
발성을 할 때는 놀이식으로 접근하여 아동이 소리 내는 것에
긍정적인 경험을 가지도록 해줍니다.

4. 입 모양 훈련

영어의 R발음, L발음이 혀와 밀접하게 연관되어 있는 것처럼
한글도 자음을 발음할 때에는 조음점(소리 나는 지점)을 알고
혀의 근력이 있어야 발음을 잘할 수 있습니다.
반면에 모음은 입 모양이 정확해야 발음을 잘할 수 있지요.
그렇다면 자음과 모음 중에 어떤 것을 먼저 교정하는 것이 쉬울까요?
바로 모음입니다. 왜냐하면 혀는 입안에 들어가 있어서 정확하게 하는지
볼 수 없지만 모음은 입술의 움직임을 볼 수 있기 때문에
교정이 한결 수월하지요.
그래서 아이들의 발음을 교정할 때에는 모음 교정을 우선시합니다.

이 책에서는 아·어·오·우·으·이 6개의 모음을 배우고
소리의 가장 작은 단위인 음소부터 시작해서 문장까지 이어서 연습합니다.

5. 입 모양 퀴즈

아이들에게 배운 것을 복습하라고 숙제를 내준다면 자발적으로 할까요?
수업이 끝나고 놀고 싶은 것이 모든 아이들의 마음입니다.
그래서 배운 내용을 놀이로 복습할 수 있도록 했습니다.
바로 입 모양 퀴즈인데요.
소리를 내지 않은 상태에서 입 모양만으로 퀴즈를 맞히는 것입니다.
아이는 공부가 아닌 놀이라는 즐거운 상태에서 자연스럽게
오늘 배운 입 모양을 복습하게 되는 것이지요.
이 훈련을 통해 정확한 입 모양을 숙지하고,
또한 퀴즈를 내면서 입술 근육을 단련할 수 있습니다.

6. 몸짓 언어

대화를 나눌 때에는 비언어적인 요소가 50% 영향을 준다고 합니다.
긍정적인 말을 해도 뒷짐을 지고 있거나 팔짱을 끼고 있으면
공격적인 느낌을 줄 수 있습니다.
저는 스피치의 꽃은 몸짓 언어(제스처)라고 생각합니다.
유독 발표를 하면 긴장하는 아이들은 적절한 제스처를 통해 긴장을 완화할
수 있으며, 또한 적절한 몸짓 언어는 내용을 시각적으로 좀 더 쉽게
전달할 수 있습니다. 아이들이 즉각적으로 사용할 수 있고
활용도가 높은 몸짓 언어만 담아보았습니다.
또한 몸짓 언어의 디테일을 줄 수 있는 팁을 통해서
한결 남다른 스피치를 하는 모습을 볼 수 있습니다.

7. 나무젓가락 발표법

발표할 때마다 나무젓가락을 활용해서 발화 연습을 합니다.
나무젓가락 발표법의 효과는 세 가지가 있습니다.

첫째 : 입술의 힘을 길러준다.

둘째 : 입을 열어 소리를 시원하게 만들어 준다.

셋째 : 단기간에 발음을 잘할 수 있다.

나무젓가락으로 발음을 어렵게 만들었다가 장애물이 없어지면 발음하기 한결 쉽겠죠? 또한 얼굴에 뭉친 근육들을 풀어주기 때문에 발음 연습에 두 배의 효과가 있습니다.

특히 이 책의 장점은 **낭독의 가이드라인**을 잡아준다는 것입니다.
공부를 잘하기 위해서는 어떤 것이 잘한 것이고 어떤 것이 못한 것인지에 대한 기준이 필요합니다. 이처럼 낭독의 기준을 알려주어야 스피치의 가이드라인이 생기고, 그것을 따라하는 과정에서 자신감이 생깁니다.

8. 스피치 상담소

기초 훈련, 발표가 스피치의 완성일까요?
말을 하면서 발생할 수 있는 문제의 다양한 케이스를 살펴보고
적용할 수 있는 솔루션을 제시합니다.
더 궁금하신 내용은 유튜브 명스피치로 문의해주세요.

그럼 저와 14일간의 스피치 루틴을 시작해볼까요?

얼굴 스트레칭

1. 얼굴 마사지

얼굴을 클레이처럼 말랑말랑하게 만들어주세요
두 볼이 살짝 따뜻하다 느껴질 때까지 충분히 마사지해주세요.

2. 아 에 이 오 우 얼굴 풀기

입 모양을 움직여서 얼굴을 발음하기 좋은 상태로 만들 것입니다.
평상시 입 모양보다 두 배로 크게 입 모양을 만들어주세요.
그리고 천천히 아 에 이 오 우 5번,
반대로 우 오 이 에 아 5번을 거울을 보고 연습해주세요.

☆

'아'의 입 모양은 하마가 하품하는 모습입니다.
손가락 세 개가 세로로 들어갈 정도로 크게 만들어 주세요.

☆

'에'의 입 모양은 반달 모양입니다.
양쪽 입꼬리에 힘을 주고 웃는 입 모양을 만들어주세요.

'이'의 입 모양은 웃는 모습입니다. 입꼬리가 웃는 것처럼 위로 올라가요.
우리가 사진을 찍을 때 김치라고 외치는 이유도 입꼬리가 올라가고
위의 치아 8개가 자연스럽게 보이는 발음이기 때문입니다.

'오'의 입 모양은 작은 도넛 모양입니다.
입술을 작고 동그랗게 만들어주세요.
입술에 힘이 없으면 동그랗게 만들기가 어려워요.

☆

'우'의 입 모양은 입술이 뽀뽀하는 것처럼 앞으로 튀어나와요.
윗입술에 힘을 주어 입술이 위로 올라가게 해주세요.
더 정확하게 발음할 수 있습니다.

3. 얼굴 풍선 만들기

얼굴을 풍선이라고 생각하고 볼을 빵빵하게 만들어주세요.
입안의 공기를 오른쪽, 왼쪽으로 천천히 돌려주세요.

4. 치아 쓸기

모음은 입술을 잘 풀어주면 발음이 편하고
자음은 혀를 잘 풀어주면 발음이 쉽습니다.
혀가 칫솔이라고 생각해보세요.
치아의 위부터 아래까지 왼쪽, 오른쪽 10번 돌려주세요.

5. 혀 스트레칭

메롱 20번으로 혀와 혀뿌리를 스트레칭 해줍니다.
혀를 잘 움직이면 시옷과 리을 같은 어려운 발음을 편하게 발음할 수 있습니다.

❋ 연습하기 전 5분 얼굴 스트레칭을 해주세요. ❋
기초가 튼튼하면 스피치하기 더 쉽습니다.

tip

아이와 함께 연습해주세요.
부모님의 적극적인 모습을 보면서 연습하면
두 배의 효과가 있습니다.

풍선 호흡

아이가 발표를 할 때 염소처럼 목소리가 떨리나요?

혹시 말소리가 잘 안 들리고 입안에서 답답하게 웅얼거리지는 않나요?

이 모든 것이 호흡이 부족하기 때문입니다.

안정감 있게 말하기 위해서는 풍성한 호흡이 필요합니다.

말의 재료인 호흡이 많을수록 편안하게 말을 할 수 있습니다.

풍선 호흡으로 호흡을 강하게 뱉는 연습을 해보겠습니다.

준비물 : 풍선
필요 인원 : 2명

방법

- 풍선을 터지기 직전까지 분다.
  ⇨ 내 호흡 크기 측정

- 10초 만에 풍선을 터지기 직전까지 분다.
  ⇨ 짧은 시간 안에 호흡 뱉는 연습

- 미션: 부모님이랑 누가 10초 만에 크게 부는지 대결

   tip. 풍선을 불고 얼굴이 뻐근하면 훈련을 잘 한 것이다.

1번	2번	3번	4번	5번

❋ 미션에 성공했으면 동그라미를 그려주세요.

수박 발성 훈련

하는 이유 : 작은 소리부터 큰소리까지 발성하며 성대를 튼튼하게 한다.
효과 : 발성으로 아이의 자신감을 키우기 좋다.

필요 인원 : 2명
발성 단어 : 수박

방법
1. 부모님이 수! 라고 외친다.
2. 아이가 박! 하고 좀 더 크게 외친다.
3. 다시 아이가 수! 하고 좀 더 크게 외친다.
4. 부모님과 수박을 점점 크게 번갈아서 외친다.

tip 끝까지 포기하지 않고 크게 외치면 승리

tip

1. 소리를 내기 전에는 미지근한 물을 충분히 마셔주세요.
   입으로 호흡을 마시고 강하게 뱉기 때문에 성대가 건조할 수 있습니다.

2. 발성을 할 때 배에 힘이 없으면 목 주변에 힘이 들어갑니다.
   말을 할 때 '아랫배가 쑥 들어간다!' 라고 생각하고 발성을 하세요.
   목에 힘을 주면 예쁜 목소리가 거칠어집니다.

아 입 모양 훈련

아의 입 모양은 하마가 하품을 하는 모습입니다.
아의 발음을 잘하기 위해서는 턱을 떨어뜨려서 발음해야 해요.

순서	1. 말의 가장 작은 단위 음소 연습 2. 어려운 받침 연습 3. 단어 연습 4. 모음의 입 모양 연습 5. 문장 연습
음소	아 아 아 아 아 아 아 아 아 아
받침	알 알 알 알 알 알 알 알 알 알
단어	악어 악~어 악~~어 악~~~어 악~~~~어!
입 모양	아 이 아 아 우 으 아 오 어 아 우 에 아 우 아 아
문장 연습	아기가 하품을 하고, 엄마 품에서 한숨 잤다.

아 입 모양 게임

입 모양을 인지하고 정확하게 발화합니다.

방법 : 단어를 소리 내지 않고 입 모양만으로 퀴즈를 낸다.

상대방은 입 모양을 관찰해서 정답을 이야기한다.

가 방	가 구	까 치	깡 통
나 라	나 비	나 방	낭 자
다 리	다 리 미	땅	땅 콩
라 면	라 디 오	라 일 락	라 쿤
마 법	마 법 사	마 가 린	마 요 네 즈
바 람	바 가 지	빵	빵 집
사 과	사 장	쌀	쌀 벌 레
아 기	아 줌 마	아 저 씨	아 보 카 도
자	자 동 차	자 장 면	짬 뽕
차 도	차 표	차	차 례
카 레	카 네 이 션	카 센 터	카 레 이 서
타 조	타 요	탕 수 육	탈 춤
파	판 자	팝 콘	파 파 야
하 마	하 품	하 루	하 와 이

tip. 놀이 전에 모르는 어휘는 같이 공부하고 시작하면 좋습니다.

나 몸짓 언어

1. 가슴 앞에 엄지손가락만 떼고 나 몸짓 언어를 해주세요.

2. 손가락을 모두 펼치면 지저분해 보여요.

3. 손가락을 모두 모으면 답답해 보여요.

여러분, 몸짓 언어를 알고 있나요?

몸짓 언어는 발표를 할 때 중요한 부분을 행동으로 표현하는 것입니다.

발표에서 긴장이 될 때 몸짓 언어를 사용하면 긴장감이 해소됩니다.

나 몸짓 언어를 배워 자신감 있게 발표해보세요.

몸짓 언어 주의할 점	손가락을 다 모으면 답답해 보여요.
	손가락을 모두 펼치면 지저분해 보여요.
문장 연습	저는 그 의견에 반대합니다.
	제 공약을 들어주셔서 감사합니다.
	제 이야기를 경청해주셔서 감사합니다.
미션	휴대폰으로 나 몸짓 언어 사진 촬영하기

거울을 보고 나 몸짓 언어를 연습해주세요.

문장 연습에서 색칠된 부분에 몸짓 언어를 넣어주세요.

마지막으로 휴대폰으로 촬영하여 자신의 모습을 점검합니다.

스피치 인사하는 법

"우리 아이가 인사를 잘 하지 않아요!" 하고 고민하시는 부모님이 많습니다. 그래서 억지로 아이의 머리를 손으로 눌러서 인사를 시키는 부모님도 있고, "인사해야지!" 하고 타박하는 부모님도 많습니다.

아이가 인사를 하기 어려워하는 것에는 다양한 이유가 있지만 우선은 낯선 사람을 경계하고 어떤 사람인지 살피는 시간이 어른보다 길기 때문에 인사하는 타이밍을 놓칠 수 있습니다. 그럴 때는 부모님이 먼저 인사하는 모습을 보여주세요.

"아이에게 인사를 강요하지 마세요."

대신 인사가 얼마나 중요한지 여러 번 말해주세요. 말로 하는 인사가 어렵다면 가볍게 손을 흔들거나 하이 파이브 등 비언어적인 요소의 인사를 먼저 재미있게 시도하고 차차 말로 하는 인사로 바꾸면 좋습니다.

오늘은 인사하는 방법을 알아볼 거예요.
한번 익혀두어 습관이 되면, 발표 시작 전부터 기대감을 줄 수 있으니 따라해 보세요.
정갈한 인사는 멋진 발표의 첫 시작입니다.

"아이가 말로 하는 인사를 어려워할 때는 비언어적인 인사부터 시작합니다. 손을 흔들거나 경쾌하게 하이파이브를 하는 등 인사에 대한 긴장감을 놀이식으로 해소해주는 것입니다."

1. 허리를 반듯하게 펴고 바르게 선 상태를 만든다.
2. 청중을 보면서 차렷 자세로 몸을 정돈한다.
3. 배꼽 위로 두 손을 포개서 올려 놓는다.

4. 소리 없이 목례를 먼저 한다.

5. 청중들을 보며 '안녕하세요!'라고 말한다.
6. 웃으면서 청중들과 눈을 맞춘다.
7. 발표를 시작한다.

스피치 인사하는 법 적용하기

레슨 1. 스피치 인사법을 적용해서 시작한다.

레슨 2. 앞니 8개가 보인 상태에서 나무젓가락을 물고 발음을 연습한다.

레슨 3. 파란색 부분은 나 몸짓 언어를 넣어서 발표한다.

레슨 4. 빨간색 부분의 끝말을 강하게 발음한다.

레슨 5. 한 문장이 끝나면 2박자 쉰다.

안녕하세요. ○○초등학교 ○학년 ○○○입니다. / /

제 꿈은_____입니다. / /

왜냐하면_____이기 때문입니다. / /

또한 저는 친구들과_____하는 것을 좋아합니다. / /

앞으로 여러분과_____하면서 즐겁게 지내고 싶습니다. / /

지금까지 저의 자기소개를 들어주셔서 감사합니다. / /

---

tip

발표가 끝났다고 도망가듯 들어가지 마세요. 자신감이 없어 보이기 때문입니다.
발표가 끝나고 3초 정도 친구들을 바라보고 천천히 들어가 주세요.
인상 깊은 발표 태도가 아이들 머릿속에 남을 것입니다.

자기소개가 왜 중요할까?

첫 인상이 중요하다는 말 들어보셨죠?
새 학기 또래 관계의 첫 단추는 자기소개에서 시작합니다.
만약 우리 아이가 자기소개 발표 시 끝말을 흐리고 자신감 없이 발표한다고 생각해보세요.
반 친구들은 내 아이에 대한 첫인상을 어떻게 기억할까요?
아, 저 친구는 굉장히 소심하구나! 이렇게 각인이 될 것입니다.
더불어 아이는 학교생활을 하면서 소심한 성격이라는 프레임 안에서 적극적으로 또래들과 관계를 맺는 데에 어려움이 발생할 것입니다. 그렇기 때문에 자기소개는 매우 중요합니다.

스피치 훈련으로 말의 끝을 분명하게 말하는 습관을 만들어주세요. 반 친구들에게 좋은 첫인상을 남길 수 있습니다. 더불어 자신감 있게 몸짓 언어를 활용해 보세요.
몸짓 언어를 사용해서 발표를 하면 긴장감이 완화되며 적극적으로 발표하는 모습으로 강렬한 첫인상을 남길 수 있습니다.

나무젓가락 자기소개

레슨 1. 앞니 8개가 보인 상태에서 나무젓가락을 물고 발음 연습을 한다.

레슨 2. 파란색 부분은 나 몸짓 언어를 넣어서 발표한다.

레슨 3. 빨간색 부분의 끝말을 강하게 발음한다.

레슨 4. 한 문장이 끝나면 2박자 쉰다.

안녕하세요.

○○초등학교 ○학년 ○○○입니다. / /

여러분은 친구들과 어떤 놀이를 하는 것을 좋아하시나요? / /

저는 친구들과_____하는 것을 좋아합니다. / /

앞으로 여러분과_____하면서 즐겁게 지내고 싶습니다. / /

지금까지 자기소개를 들어주셔서 감사합니다. / /

---

tip

자기소개는 여러 가지를 다양하게 말하는 것보다
중요한 몇 가지를 구체적으로 말하는 것이 더 기억에 남습니다.

스피치 상담소

Q. 선생님, 발표할 때 긴장이 돼요. 도와주세요!

A. 선생님도 발표할 때면 긴장이 될 때가 있어요! 그럴 때 이렇게 해보세요.

1단계. 물 마시기

긴장이 되면 목이 바짝 마르고 목구멍이 건조한 기분이 들어요.
이때 미지근한 물 한 모금을 마시면 좋아요.
선생님은 발표 전에 반드시 물을 한 모금 천천히 마시고 시작해요.
우리 친구들도 꼭 해보세요.

2단계. 호흡 정돈하기

긴장을 하면 호흡이 불규칙해져요. 그럴 때 호흡을 정돈하면 불안했던 마음이 안정될 거예요. 코로 호흡을 마시고 입으로 천천히 후~ 하면서 길게 내쉬세요.

3단계. 문장의 앞뒤를 천천히 말하기

말은 시작과 마무리가 가장 중요하죠.
하지만 긴장하면서 발표를 하면 시작을 빠르게 해요.
또한 문장의 끝은 목소리가 염소처럼 떨리죠.
그래서 문장의 앞뒤를 2배로 천천히 시작하고 끝내요.
이렇게 말하면 발표할 때 여유가 있어 보여요.

예) 색칠한 부분을 천천히 말하기

→ **안녕하세요.** 여러분과 만나게 되어서 **반갑습니다.**

얼굴 스트레칭

1. 얼굴 마사지

얼굴을 클레이처럼 말랑말랑하게 만들어주세요
두 볼이 살짝 따뜻하다 느껴질 때까지 충분히 마사지해주세요.

2. 아 에 이 오 우 얼굴 풀기

입 모양을 움직여서 얼굴을 발음하기 좋은 상태로 만들 것입니다.
평상시 입 모양보다 두 배로 크게 입 모양을 만들어주세요.
그리고 천천히 아 에 이 오 우 5번,
반대로 우 오 이 에 아 5번을 거울을 보고 연습해주세요.

☆

'아'의 입 모양은 하마가 하품하는 모습입니다.
손가락 세 개가 세로로 들어갈 정도로 크게 만들어 주세요.

☆

'에'의 입 모양은 반달 모양입니다.
양쪽 입꼬리에 힘을 주고 웃는 입 모양을 만들어주세요.

'이'의 입 모양은 웃는 모습입니다. 입꼬리가 웃는 것처럼 위로 올라가요.
우리가 사진을 찍을 때 김치라고 외치는 이유도 입꼬리가 올라가고
위의 치아 8개가 자연스럽게 보이는 발음이기 때문입니다.

'오'의 입 모양은 작은 도넛 모양입니다.
입술을 작고 동그랗게 만들어주세요.
입술에 힘이 없으면 동그랗게 만들기가 어려워요.

'우'의 입 모양은 입술이 뽀뽀하는 것처럼 앞으로 튀어나와요.
윗입술에 힘을 주어 입술이 위로 올라가게 해주세요.
너 정확하세 발음할 수 있습니다.

3. 얼굴 풍선 만들기

얼굴을 풍선이라고 생각하고 볼을 빵빵하게 만들어주세요.
입안의 공기를 오른쪽, 왼쪽으로 천천히 돌려주세요.

4. 치아 쓸기

모음은 입술을 잘 풀어주면 발음이 편하고

자음은 혀를 잘 풀어주면 발음이 쉽습니다.

혀가 칫솔이라고 생각해보세요.

치아의 위부터 아래까지 왼쪽, 오른쪽 10번 돌려주세요.

5. 혀 스트레칭

메롱 20번으로 혀와 혀뿌리를 스트레칭 해줍니다.

혀를 잘 움직이면 시옷과 리을 같은 어려운 발음을 편하게 발음할 수 있습니다.

❋ 연습하기 전 5분 얼굴 스트레칭을 해주세요. ❋

기초가 튼튼하면 스피치하기 더 쉽습니다.

tip

아이와 함께 연습해주세요.

부모님의 적극적인 모습을 보면서 연습하면

두 배의 효과가 있습니다.

풍선 호흡

지난 시간 풍선으로 호흡의 크기를 측정했다면 오늘은 호흡을 뱉고, 멈추는 훈련을 해볼까요?
풍선 호흡으로 소리는 점점 커지고, 호흡을 멈추면 배에 힘이 생겨 말할 때 자기 마음대로 조절할 수 있어요.

준비물 : 풍선
필요 인원 : 2명

방법

- 자신이 불 수 있는 만큼 큰 풍선을 만든다.
  ⇨ 내 호흡 크기 알아보기

- 호흡을 5번 불어 큰 풍선을 만든다.
  호흡을 4번 불어 큰 풍선을 만든다.
  호흡을 3번 불어 큰 풍선을 만든다.
  호흡을 2번 불어 큰 풍선을 만든다.
  ⇨ 호흡을 끝까지 뱉는 연습

  tip. 배 안에 있는 호흡을 남김없이 뱉기

1번	2번	3번	4번	5번

❋ 미션에 성공했으면 동그라미를 그려주세요.

내가 최고야 발성 훈련

아이들이 자신감을 키우는 가장 쉬운 방법이 무엇일까요?
바로 큰 소리를 내보는 것입니다. 내가 최고야 발성을 통해서 작은 소리부터 큰 소리까지 내가 최고라는 긍정적인 단어를 아이가 직접 발화하고 귀로 듣게 해주세요. 몸짓 언어인 엄지손을 활용해서 발성해도 즐겁게 발성할 수 있습니다.

필요 인원 : 2명
발성 단어 : 내가 최고야

방법
1. 부모님이 '내가 최고야!'라고 외친다.
2. 아이가 '내가 최고야' 발성을 조금 더 크게 외친다.
3. 아이와 부모가 '내가 최고야' 발성을 번갈아서 점점 크게 외친다.

tip1. '내가 최고야' 하면서 손으로 엄지 척을 해주세요.
      끝까지 포기하지 않고 크게 외치면 승리

tip2. '네가 최고야'로 발성 단어를 바꾸어도 좋습니다.
      예시) 네가 최고야, 넌 정말 멋져!

놀이하듯 발성 놀이를 하면 어떤 좋은 점이 있을까요?
소리가 나오는 성대가 놀이를 통해 긴장하지 않기 때문에 목을 다치지 않고 발성을 할 수 있습니다. 발성 훈련은 혼자 하지 말고 부모님이 함께, 또는 친구들과 함께 즐겁게 발성 놀이를 해주세요.

어 입 모양 훈련

놀라면 입이 세로로 벌어지는 것을 볼 수 있습니다.
그것이 바로 어의 입 모양입니다.
'어' 발음을 잘해주기 위해서는 턱을 떨어뜨리고 발음합니다.

순서	1. 말의 가장 작은 단위 음소 연습 2. 어려운 받침 연습 3. 단어 연습 4. 모음의 입 모양 연습 5. 문장 연습
음소	어 어 어 어 어 어 어 어 어 어
받침	얼 얼 얼 얼 얼 얼 얼 얼 얼 얼
단어	어묵 어~묵 어~~묵 어~~~묵 어~~~~묵!
입 모양	어 이 아 이 아 어 이 오 애 와 어 우 으 어 어 아
문장 연습	어린아이가 어린 동생과 어묵을 먹었다.

입 모양 게임

거인	거위	거짓말	걱정
너	너구리	넝마	널뛰기
더위	덥다	더덕	떡
러그	런던	럭비	러시아
먼지	머리	머루	머슴
버스	버섯	버드나무	뻥튀기
서쪽	서울	썰매	선글라스
어묵	얼굴	어린이	어리광
전화	전기	전구	전봇대
철	철분	천사	처갓집
컵	커튼	커피	컴퓨터
털	터키	터전	터줏대감
퍼즐	편지	편지봉투	평강
허파	허리	허기	헌옷

tip. 아이가 입 모양 퀴즈를 어려워한다면
단어를 보여준 상태에서 랜덤으로 문제를 내주는 것이 좋습니다.

여러분 몸짓 언어

1. 엄지손가락만 나머지 네 손가락과 떼고 몸짓 언어를 한다.
2. 손끝에 힘을 주고 청중을 향해 힘차게 뻗는다.

tip. 손이 허리 아래로 처지지 않게 해주세요.

3. 손가락을 모두 펼치면 지저분해 보여요.

4. 손가락을 모두 모으면 답답해 보여요.

'여러분 스피치'는 웅변이 아니라 대화입니다.

혹시 발표를 하면 아이들이 내 이야기를 잘 듣지 않나요? 그렇다면 몸짓 언어로 듣는 사람들에게 질문을 던져보세요. 친구들이 여러분의 말을 경청할 것입니다.

몸짓 언어 주의할 점	손을 청중을 향해 뻗는다.
	손가락을 모두 펼치면 지저분해 보여요.
문장 연습	여러분은 어떻게 생각하세요?
	여러분은 누구를 뽑고 싶으신가요?
	여러분, 진심으로 감사합니다.
미션	휴대폰으로 몸짓 언어 사진 촬영하기

거울을 보고 여러분 몸짓 언어를 연습해주세요.

문장 연습에서 색칠된 부분에 몸짓 언어를 넣어주세요.

마지막으로 휴대폰으로 촬영하여 자신의 모습을 점검합니다.

대중 발표 경험이 왜 중요할까?

분명 똑똑한 아이인데 대중 앞에서 발표만 하면 작아지는 아이가 있지 않나요? 학교 공개 수업에서 극도로 긴장하고 고개는 바닥으로 푹 숙여 발표하는 내 아이를 만났을 때! 참 속상하셨죠?

우리 아이는 어떨까요? 발표의 첫 경험이 무너져버려 '다시는 앞에 나가서 발표 안 해'라고 생각할 것입니다.

우리가 낯선 나라에 갔다고 생각해봅시다.

처음에는 길도 모르고 어색해서 나도 모르게 긴장이 될 것입니다. 하지만 여행하는 동안 경험이 쌓이고 낯선 장소도 여러 번 가본다면, 익숙한 것이 되고 자연스럽게 가고 싶은 곳에 갈 수 있을 것입니다.

발표의 경험이 없는 아동이 대중 발표를 어려워하는 것은 당연합니다.

긴장하고 있는 아이에게 이렇게 말해주세요.

"처음에는 누구나 다 잘하지 못하지만 같이 연습해보면 금세 재미있게 발표를 잘 할 수 있을 거야!"

아동의 마음이 안정되었다면 이렇게 실천해보세요.

집에서 방마다 돌아다니면서 짧은 스피치를 해보세요.

부모님 앞에서 발표하는 것이 어렵다면 친숙한 인형이나 좋아하는 친구의 사진을 보고 발표 연습을 하는 것입니다.

그리고 "잘하려고 생각하지 말고 어떤 말을 전하고 싶은지 집중해봐! 엄마가 이렇게 응원할게" 하고 따뜻한 말을 전달해주시면 좋습니다.

여러 번 반복 연습하는 것이 두려움을 즐거움으로 바꾸는 힘이 될 것입니다.

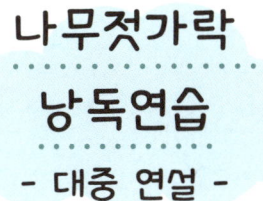

나무젓가락 낭독연습
- 대중 연설 -

레슨 1. 앞니 8개가 보인 상태에서 나무젓가락을 물고 발음 연습을 한다.
레슨 2. 파란색 부분은 여러분 몸짓 언어를 넣어서 발표한다.
레슨 3. 빨간색 부분의 끝말을 강하게 발음한다.
레슨 4. 한 문장이 끝나면 2박자 쉰다.

여러분, 스피치가 왜 필요하다고 생각하시나요? //

제가 그 이유를 세 가지로 말씀드리겠습니다. //

첫째, 말을 조리 있게 전달할 수 있습니다. //

둘째, 큰 목소리를 내면서 자신감이 생깁니다. //

셋째, 생각을 정리해서 발표할 수 있습니다. //

그래서 저는 스피치가 꼭 필요하다고 생각합니다. //

여러분은 스피치를 어떻게 생각하시나요? //

지금까지 제 이야기를 경청해주셔서 감사합니다. //

tip

대중 발표를 할 때는 듣는 사람 모두에게 시선을 골고루 주는 것이 좋습니다.

스피치 상담소

Q. 선생님, 말을 잘하고 싶은데 어려워요. 도와주세요!

A. 말을 조리 있게 잘하려면 말의 순서가 있어야 해요.
서론·본론·결론을 합친 것이 바로 삼단 논법입니다.
쉬운 말로 하면 처음·중간·끝이라고 생각해주세요.

말하기가 어려운 이유는 말의 순서가 없어서입니다.
선생님이 치킨으로 쉽게 삼단 논법을 설명해볼게요.

1. 삼단 논법으로 말하는 법

서론	하고 싶은 말을 먼저 한다.	제가 가장 좋아하는 음식은 치킨입니다.
본론	그 말을 왜 했는지 이유를 설명한다.	왜냐하면 치킨은 껍질이 바삭하고 맛있기 때문입니다.
결론	하고 싶은 말을 한 번 더 해서 주제를 강조한다.	그래서 전 치킨을 가장 좋아합니다.

tip. 그냥 '치킨이 좋아요!'라고 말하는 것보다
'왜냐하면'이라는 접속사를 이용하면 더욱 논리적으로 나의 생각을 전달할 수 있습니다.

2. 삼단 논법 적용해보기

예시) 비유법을 활용한 삼단 논법

서론	하고 싶은 말을 먼저 한다. ⇨ 저는 스피치를 자신감이라고 생각합니다.
본론	이유를 설명한다. ⇨ 왜냐하면 스피치 훈련을 통해 말하는 법을 배우면 자신의 생각을 명확하게 알고 정확하게 표현할 수 있기 때문입니다.
결론	하고 싶은 말을 한 번 더 해서 주제를 강조한다. ⇨ 그래서 저는 스피치를 자신감이라고 생각합니다.

3. 스피치라는 주제로 삼단 논법을 작성하기

서론	
본론	
결론	

tip. 원고를 작성한 후 낭독을 해보세요. 기억에 또렷하게 남을 수 있습니다.

스피치 놀이터
- 속담을 만들어 보자-

친구들, 안녕!
요즘 친구들은 긴 말을 줄여서 줄임말을 쓰죠?
예전 사람들은 어땠을까요?
교훈이 있는 내용이나 상황을 하나의 문장으로 만들어 사용했습니다.
그것을 바로 '속담'이라고 하죠.
오늘은 말에 관련된 재미있는 속담 하나를 알아봅시다.
그런 다음 자신만의 속담도 만들어 보는 것입니다.
그럼 시작해볼까요?

낮말은 새가 듣고 밤말은 쥐가 듣는다.

낮에 한 말은 날아가는 새가 듣고 밤에 내가 한 말은 쥐가 듣는다니 놀랍죠?
아무도 모르게 한 말이 다른 사람 귀에 들어가게 되니 늘 말조심을 해야 한다는 뜻입니다.

이 속담을 배우고 나서 선생님은 다짐한 게 있어요.
'다른 사람에게 나쁜 말을 하지 말자'라고 말이에요.
우리도 오늘 다짐해볼까요?

선생님 속담 : 낮에 한 공부는 친구가 알고 밤에 한 공부는 내가 안다.

낮에 학교에서 공부를 열심히 했는지는 친구들이 다 알겠죠?
집에서 내가 복습하고 숙제를 했는지는 자기 자신이 잘 알 것입니다.
오늘 한 공부는 나비 효과처럼 자신감으로 돌아올 거예요.

나만의 속담 만들기

⇨ _____

얼굴 스트레칭

1. 얼굴 마사지

얼굴을 클레이처럼 말랑말랑하게 만들어주세요.
두 볼이 살짝 따뜻하다 느껴질 때까지 충분히 마사지해주세요.

2. 아 에 이 오 우 얼굴 풀기

입 모양을 움직여서 얼굴을 발음하기 좋은 상태로 만들 것입니다.
평상시 입 모양보다 두 배로 크게 입 모양을 만들어주세요.
그리고 천천히 아 에 이 오 우 5번,
반대로 우 오 이 에 아 5번을 거울을 보고 연습해주세요.

☆

'아'의 입 모양은 하마가 하품하는 모습입니다.
손가락 세 개가 세로로 들어갈 정도로 크게 만들어 주세요.

☆

'에'의 입 모양은 반달 모양입니다.
양쪽 입꼬리에 힘을 주고 웃는 입 모양을 만들어주세요.

☆

'이'의 입 모양은 웃는 모습입니다. 입꼬리가 웃는 것처럼 위로 올라가요.
우리가 사진을 찍을 때 김치라고 외치는 이유도 입꼬리가 올라가고
위의 치아 8개가 자연스럽게 보이는 발음이기 때문입니다.

☆

'오'의 입 모양은 작은 도넛 모양입니다.
입술을 작고 동그랗게 만들어주세요.
입술에 힘이 없으면 동그랗게 만들기가 어려워요.

'우'의 입 모양은 입술이 뽀뽀하는 것처럼 앞으로 튀어나와요.
윗입술에 힘을 주어 입술이 위로 올라가게 해주세요.
더 정확하게 발음할 수 있습니다.

3. 얼굴 풍선 만들기

얼굴을 풍선이라고 생각하고 볼을 빵빵하게 만들어주세요.
입안의 공기를 오른쪽, 왼쪽으로 천천히 돌려주세요.

4. 치아 쓸기

모음은 입술을 잘 풀어주면 발음이 편하고
자음은 혀를 잘 풀어주면 발음이 쉽습니다.
혀가 칫솔이라고 생각해보세요.
치아의 위부터 아래까지 왼쪽, 오른쪽 10번 돌려주세요.

5. 혀 스트레칭

메롱 20번으로 혀와 혀뿌리를 스트레칭 해줍니다.
혀를 잘 움직이면 시옷과 리을 같은 어려운 발음을 편하게 발음할 수 있습니다.

❋ 연습하기 전 5분 얼굴 스트레칭을 해주세요. ❋
기초가 튼튼하면 스피치하기 더 쉽습니다.

tip

엄마와 얼굴 스트레칭 대결을 해보세요.
영상으로 남겨서 보면 더욱 즐겁게 할 수 있습니다.

휴지 호흡

혹시 말할 때 소리의 크기가 작은가요?
그 이유는 호흡의 방향성이 없기 때문입니다.
누군가에게 '도와줘!'라고 말할 때는 큰 목소리가 나죠?
말하려는 내용과 대상이 분명하기 때문입니다.
이처럼 호흡의 방향성을 가지는 것이 중요합니다.

준비물 : 키친타월, 펜
필요 인원 : 1명

방법
- 휴지에 수박씨만 한 점을 그린다.
  ⇨ 호흡이 흩어지지 않게 점을 찍는다.
- 호흡으로 휴지를 강하게 후! 분다.
- 미션: 10번씩 빠르게 호흡을 뱉는다.
  ⇨ 호흡을 끊어서 강화하는 연습

tip 배 안에 있는 호흡을 남김없이 뱉기

| 1번 | 2번 | 3번 | 4번 | 5번 |

✽ 미션에 성공했으면 동그라미를 그려주세요.

1. 호흡을 내쉰다.
2. 코로 호흡을 마신다. 이때 어깨가 올라가거나 가슴이 튀어나오지 않게 한다.
3. 호흡을 끊어서 후! 하고 뱉는다.
4. 아랫배가 쏙쏙 들어간다.
5. 친구들과 누가 짧은 시간 안에 많이 불 수 있는지 대결한다.

tip. 휴지에 점을 찍어놓은 부분에 호흡 화살을 강하게 쏩니다.

허밍 발성 훈련

허밍이란 입을 다물고 코로 소리 내어 노래를 부르는 법입니다.
예를 들어 수영을 하기 전에 스트레칭으로 몸을 풀어주는 것처럼, 소리가 나는 성대를 허밍으로 풀어준다면 말할 때 목이 아프지 않고 자연스럽게 소리를 낼 수 있습니다.

허밍 방법

1. 입을 가볍게 다문다.
2. 입안에 왕사탕을 먹은 것처럼 공간을 만든다.
3. 손을 쉿! 하는 포즈로 입 앞에 둔다.
4. 음~ 하는 소리를 낸다.
5. 코, 입술, 손가락이 떨리는지 확인한다.
6. 평소 좋아하는 노래를 허밍으로 불러도 좋다.

tip

허밍을 하기 전에 미지근한 물을 마시면
소리를 내는 성대가 촉촉해져 허밍하기 편합니다.

오 입 모양 훈련

도넛의 모양이 어떻게 생겼나요? 동그랗고 가운데 구멍이 뚫려있지요?
'오'의 입 모양은 작은 도넛의 모양하고 똑같습니다!
'오' 발음을 잘해주기 위해서는 입술을 동그랗게 만들어야 해요!

순서	1. 말의 가장 작은 단위 음소 연습 2. 어려운 받침 연습 3. 단어 연습 4. 모음의 입 모양 연습 5. 문장 연습
음소	오 오 오 오 오 오 오 오 오 오
받침	옷 옷 옷 옷 옷 옷 옷 옷 옷 옷
단어	오이 오~이 오~~이 오~~~이 오~~~~이!
입 모양	오 이 와 오 이 어 아 오 이 으 아 이 에 어 어 아
문장 연습	오리와 오징어가 오이를 맛있게 먹었다.

오 입 모양 게임

방법 : 소리 없이 입 모양을 관찰해서 단어를 알아맞히기

고민	고향	고릴라	꽁치
노루	노인	놀이	노란색
도장	돌	도레미	도시락
로마	로메인	롱다리	롤러스케이트
모래	모기	모이	모집
보리	보트	보석	봉투
소리	소금	소시지	소금쟁이
오리	오이	오징어	오이지
종	종소리	졸업	졸업식
초	초코	초록색	초가집
코	코피	콘도	코알라
통	통조림	토마토	토요일
폰	포근하다	포인트	포테이토
호빵	호박	호리병	호신술

tip 1. '오' 발음 시 입술이 동그랗게 모아졌는지 확인해주세요.
tip 2. 입 모양을 두 배 천천히 발음하면 더 정확하게 발음할 수 있습니다.

숫자 몸짓 언어

1. 손가락을 세로로 정확하게 보여주세요.
2. 숫자 몸짓 언어의 위치는 눈 옆입니다.

3. 손이 흔들리지 않게 고정해주세요.
4. 몸짓 언어를 3초 이상 유지해주세요.

5. 몸짓 언어 후에 손은 천천히 내려주세요.

논리적인 스피치를 하고 싶으신가요?

그렇다면 숫자를 사용해서 내용을 정돈해보세요.

또한 숫자 몸짓 언어를 통해 전달하는 내용을 강조해주면 효과적으로 내 의견을 전달할 수 있습니다. 이때 중요한 것은 3초 이상 유지하며 숫자 몸짓 언어를 정확하게 보여주는 것입니다.

몸짓 언어 주의할 점	손을 세로로 정확하게 보여준다.
	3초 이상 몸짓 언어를 유지한다.
문장 연습	첫째, 자기 자신을 믿는 것입니다.
	둘째, 용기를 갖는 것입니다.
	셋째, 매일 연습하는 것입니다.
미션	휴대폰으로 몸짓 언어 사진 촬영하기

거울을 보고 숫자 몸짓 언어를 연습해주세요.

문장 연습에서 색칠된 부분에 몸짓 언어를 넣어주세요.

마지막으로 휴대폰으로 촬영하여 자신의 모습을 점검합니다.

반장 선거는 왜 해야 할까?

'경험은 돈을 주고도 살 수 없는 것이다'라는 말이 있지요.
아이들이 반장이 되는 것이 중요한 것이 아니라 그 과정에서 대중 발표를 준비하고 연습을 하며 직접 앞에 나가보는 경험이 중요한 것입니다.

성공과 실패의 경험은 둘 다 소중합니다. 오프라 윈프리의 명언 중에 '실패는 성공으로 가는 디딤돌'이라는 말이 있는 것처럼 아이가 다양한 경험을 할 수 있게 해주세요.

또한 반장이 된다면 많은 아이들의 의견을 듣고 반을 이끌면서 자연스럽게 리더십과 책임감을 배우게 됩니다.
경험이 곧 그 아이의 미래를 만드는 것과 같습니다.

여기에서 중요한 것은 부모님이 먼저 아이에게 반장 선거의 경험이 중요하다는 것을 인지하는 것입니다.
'반장은 해도 그만, 안 해도 그만이지' 하고 생각하시는 것과 '기회가 왔구나! 적극적으로 참가해보자'라고 생각하는 것은 다릅니다. 아이를 키우다보면 부모님의 말과 행동, 생각이 아이에게 얼마나 지대한 영향을 주는지 몸소 실감하셨을 것입니다. 교육은 선생님의 그릇을 넘을 수 없으며 양육 또한 그 태도가 중요한 것이지요.

반장 선거 전에 아이의 의사를 묻고, 반장 선거에 나가고 싶지 않은 아이에게도 가족 간의 토의를 통해 반장 선거의 의미에 대해 정확하게 알려주시는 것이 좋습니다.

반장이 되면 어떤 것이 좋을까? 장점 써 보기	
1	
2	
3	

나무젓가락
낭독연습
- 반장 선거 -

레슨 1. 앞니 8개가 보인 상태에서 나무젓가락을 물고 발음 연습을 한다.
레슨 2. 파란색 부분은 숫자 몸짓 언어를 넣어서 발표한다.
레슨 3. 빨간색 부분의 끝말을 강하게 발음한다.
레슨 4. 한 문장이 끝나면 2박자 쉰다.
레슨 5. 미소를 지으며 발표한다.

(미소)

안녕하세요. ○○반의 반장후보 ○○○입니다. / /

제 꿈은 우리 반을 최고의 반으로 만드는 것입니다. / /

(미소)

다음 세 가지 공약으로 그 약속을 발표하겠습니다. / /

첫째, 깨끗한 반을 만들겠습니다. / /

둘째, 서로 돕는 반을 만들겠습니다. / /

셋째, 왕따와 폭력이 없는 반을 만들겠습니다. / /

(미소)

여러분의 소중한 한 표 저에게 던져주세요. / /

감사합니다.

---

tip. 반장 선거 전에 얼굴을 마사지해주고 미소 짓는 훈련을 해주세요.
발표 시 미소만 잘 지어도 호감이 상승합니다.
또한 얼굴 스트레칭을 통해 발음을 정확하게 할 수 있도록 합니다.

스피치 상담소

Q. 선생님, 친구들이 저를 놀리면 어떻게 말해야 할지 모르겠어요.

A. 친구가 나를 놀려서 정말 많이 속상했죠?
놀리지 않으면 좋겠지만 친해지고 싶은 마음도 있어서
그런 행동을 하는 것입니다.
하지만 놀림이 계속되면 장난이 아니라 상처가 될 수 있어요.
선생님이 잘 말하는 법을 알려줄게요.
바로 내일 학교에 가서 실천해보세요.

1. 어떤 말을 할지 모르겠다면?

이것만 기억하세요.
"하지 마!" 하고 말하는 것입니다.
간단하지만 의외로 말로 표현을 못하는 친구들이 많아요.
친구가 놀릴 때 울음을 터트리는 것보다
한마디 말을 하며 맞서는 것이 더 멋진 행동이랍니다.

2. '하지 마!'라는 말을 할 수 있다면?

친구가 나에게 한 행동을 사실만 구체적으로 말해요.
감정을 이야기하다 보면 울음이 나올 수도 있어요.
사실을 먼저 말하면 감정에 치우치지 않고 말할 수 있지요.

예시)

친구가 나를 바보라고 놀렸다.

"바보라고 놀리지 마!"

구체적으로 말하면 친구의 좋지 않은 행동을
정확하게 말해주기 때문에 친구가 놀리지 않아요.

3. 구체적으로 말했는데도 계속 놀린다면?

이런 친구들은 정말 장난을 좋아하는 친구들입니다. 고약하죠!
그렇다면 놀림으로 인해 마음이 상한 나의 감정까지 말해줘요.
나로 시작하는 나 대화법을 사용해요.

예시)

네가 나를 바보라고 놀려서 (사실)

나는 정말 속상해. (나의 감정)

앞으로는 바보라고 놀리지 않았으면 좋겠어. (바람)

4. 나 대화법으로 말해도 놀린다면?

3번의 대화법이 바로 나로 시작하는 나 대화법이에요.
그런데도 놀리는 아이들은 적지만 있어요! 그렇죠?
그럴 때 프레임 효과를 써보세요.

예시)

네가 나를 바보라고 놀려서 (사실)

나는 정말 속상해. (나의 감정)

앞으로는 바보라고 놀리지 않았으면 좋겠어. (바람)

너는 친구가 마음 상하는 것을 좋아하는 친구가 아니잖아. (프레임)

나도 너와 정말 친하게 지내고 싶어. (다짐)

프레임이라는 것은 우리말로 액자라는 뜻입니다.
너는 이런 친구잖아! 이렇게 긍정적인 액자를 씌워주는 것입니다.

어때요? 스피치를 배우니까 말의 순서가 생겼죠?
가장 쉬운 "하지 마!"부터 시작해보세요.
말하기는 실천이 중요하답니다.
선생님이 여러분을 응원합니다.

얼굴 스트레칭

1. 얼굴 마사지

얼굴을 클레이처럼 말랑말랑하게 만들어주세요
두 볼이 살짝 따뜻하다 느껴질 때까지 충분히 마사지해주세요.

2. 아 에 이 오 우 얼굴 풀기

입 모양을 움직여서 얼굴을 발음하기 좋은 상태로 만들 것입니다.
평상시 입 모양보다 두 배로 크게 입 모양을 만들어주세요.
그리고 천천히 아 에 이 오 우 5번,
반대로 우 오 이 에 아 5번을 거울을 보고 연습해주세요.

☆

'아'의 입 모양은 하마가 하품하는 모습입니다.
손가락 세 개가 세로로 들어갈 정도로 크게 만들어 주세요.

☆

'에'의 입 모양은 반달 모양입니다.
양쪽 입꼬리에 힘을 주고 웃는 입 모양을 만들어주세요.

'이'의 입 모양은 웃는 모습입니다. 입꼬리가 웃는 것처럼 위로 올라가요.
우리가 사진을 찍을 때 김치라고 외치는 이유도 입꼬리가 올라가고
위의 치아 8개가 자연스럽게 보이는 발음이기 때문입니다.

'오'의 입 모양은 작은 도넛 모양입니다.
입술을 작고 동그랗게 만들어주세요.
입술에 힘이 없으면 동그랗게 만들기가 어려워요.

☆

'우'의 입 모양은 입술이 뽀뽀하는 것처럼 앞으로 튀어나와요.
윗입술에 힘을 주어 입술이 위로 올라가게 해주세요.
더 정확하게 발음할 수 있습니다.

3. 얼굴 풍선 만들기

☆

얼굴을 풍선이라고 생각하고 볼을 빵빵하게 만들어주세요.
입안의 공기를 오른쪽, 왼쪽으로 천천히 돌려주세요.

4. 치아 쓸기

모음은 입술을 잘 풀어주면 발음이 편하고
자음은 혀를 잘 풀어주면 발음이 쉽습니다.
혀가 칫솔이라고 생각해보세요.
치아의 위부터 아래까지 왼쪽, 오른쪽 10번 돌려주세요.

5. 혀 스트레칭

메롱 20번으로 혀와 혀뿌리를 스트레칭 해줍니다.
혀를 잘 움직이면 시옷과 리을 같은 어려운 발음을 편하게 발음할 수 있습니다.

❋ 연습하기 전 5분 얼굴 스트레칭을 해주세요. ❋
기초가 튼튼하면 스피치하기 더 쉽습니다.

tip

가장 예쁜 얼굴은 표정을 잘 짓는 얼굴이라고 합니다.
얼굴 스트레칭으로 호감 가는 표정을 만들어봅시다.

비눗방울 호흡

1. 비눗방울 호흡하기 전에 점검 목록

   · 비눗방울이 커지지 않는다.
   ⇨ 호흡이 부족함

   · 비눗방울이 팡 터져버린다.
   ⇨ 호흡이 너무 강함

   · 비눗방울 모양이 커졌다가 작아졌다 한다.
   ⇨ 호흡이 불규칙함

2. 비눗방울을 불어보세요

   · 한 호흡으로 비눗방울을 불어요.
   ⇨ 내 호흡 크기 측정

   · 비눗방울을 불 때 방울의 모양이 일정하게 나오도록 연습해요.
   ⇨ 호흡의 크기를 일정하게 만들기

   · 부모님과 누가 더 일정하게 방울 모양이 나오는지 대결해요.
   ⇨ 부모님과 유대관계 형성

1번	2번	3번	4번	5번	6번

❋ 미션에 성공했으면 동그라미를 그려주세요.

무지개 발성

혹시 지그재그 발성을 알고 있나요?
모른다고요? 지그재그 발성이란 어린 친구들이 책을 낭독할 때나 앞에 나가서 발표를 할 때 보통과 다르게 저음과 고음을 마치 지그재그처럼 왔다 갔다 하며 발표하는 것을 말합니다.

안\녕/ 하\세/요

하지만 지그재그 발성을 한다면 듣는 사람은 어떤 내용을 가진 말인지 이해하기 어렵습니다.
왜냐하면 말의 반복되는 쪼(일정한 패턴으로 소리를 내는 언어 습관)가 전달하려는 내용보다 귀에 먼저 들어오기 때문입니다.
그래서 오늘은 세련되게 발표할 수 있는 무지개 발성을 알아보겠습니다.

무지개의 모양이 어떤가요?
손으로 한번 그려볼까요? 둥근 반원의 모양입니다.

앞으로 발표할 때 지그재그 발성 대신 무지개 모양으로 둥근 발성을 해볼 것입니다. 무지개 발성은 소리를 펴서 발음하기 때문에 어떤 내용을 전달하는지 자세하게 들을 수 있습니다.

지그재그 발성보다 세련된 느낌을 주지요. 또한 발성 시에는 손을 무지개 모양으로 앞으로 내밀면서 발성을 하면 소리 내기 한결 더 편해집니다.
한번 해볼까요?

❋ 무지개 발성하는 방법

1. 한 손은 무지개처럼 둥글게 만들어 앞으로 내민다.
2. 다른 손은 배에 올려 발성할 때 배가 들어가는지 확인한다.
3. 입에 왕사탕이 들었다고 생각하고 동굴처럼 둥글게 만든다.
4. 눈을 크게 뜨고 눈썹은 위로 올라가며 발성한다.
5. 안녕하세요! 하고 무지개 발성한다.
6. 찌르는 소리가 아니라 둥글게 발성하며 멀리까지 소리를 보낸다.
7. 웃으면서 발성하면 소리가 멀리 나간다.

우 입 모양 훈련

우의 입 모양은 뽀뽀하는 입 모양하고 같습니다.
우의 발음을 잘해주기 위해서는 입술을 최대한 앞으로 내밀어주세요.

순서	1. 말의 가장 작은 단위 음소 연습 2. 어려운 받침 연습 3. 단어 연습 4. 모음의 입 모양 연습 5. 문장 연습
음소	우 우 우 우 우 우 우 우 우 우
받침	움 움 움 움 움 움 움 움 움 움
단어	우주 우~주 우~~주 우~~~주 우~~~~주!
입 모양	우 우 에 우 우 서 우 아 오 우 우 여 애 으 아 오 이 아
문장 연습	우주에 우주선을 타고 우주여행을 하고 싶다.

우 입 모양 게임

우주	우주선	우주인	우산
누나	눈치	눈	눈사람
두유	두부	뚜껑	뚱딴지
루비	루비팔찌	루비목걸이	루비반지
무	무기	무릎	무표정
부산	부엉이	부리	부침개
수박	수학	수정	수리부엉이
우정	우리	우표	우산
줄	주식	주인공	주황색
추리	축구	축구선수	출입
쿠웨이트	쿠바	쿠크다스	쿨피스
투표	투지	투시	투수
풀	풍선	푼수	푸짐하다
후	후추	후회	후반전

tip. 낭독할 때 우 발음만 정확하게 해도 발음을 잘한다고 느껴집니다.

손날 몸짓 언어

예시) 지금 시작해보세요.

1. 한쪽 손날을 보이면서 몸짓 언어를 해주세요.
2. 손날이 흔들리지 않게 손가락을 정합니다.

예시) A와 B중에 어떤 것이 좋으신가요?

3. 반대편의 손날도 사용이 가능합니다.
4. 질문이나 생각을 이끌어 낼 때 사용합니다.

말하기에 포인트를 주기 위해서 손날 몸짓 언어를 사용하는 것이 효과적입니다. 손의 위치는 얼굴 옆에 두고 몸짓 언어를 하면서 전달하는 내용을 강조해주세요. 손날 몸짓 언어는 단정하며 세련된 느낌이 드는 몸짓 언어입니다.

몸짓 언어 주의할 점	손날을 정확하게 보여준다.
	3초 이상 몸짓 언어를 유지한다.
문장 연습	이것이 중요합니다.
	지금 투표해주세요.
	지금 시작합니다.
미션	휴대폰으로 몸짓 언어 사진 촬영하기

거울을 보고 손날 몸짓 언어를 연습해주세요.
문장 연습에서 색칠된 부분에 몸짓 언어를 넣어주세요.
마지막으로 휴대폰으로 촬영하여 자신의 모습을 점검합니다.

토의는 왜 해야 할까?

토의가 무엇인지 아시나요?
토의란 하나의 주제를 두고 다양한 사람의 이야기를 들어보는 것입니다.
토의라는 말 자체가 정말 재미없게 느껴지시나요? 하지만 우리는 일상생활에서 토의를 많이 하고 있습니다. 예를 들어 '너는 이 책에 대해 어떻게 생각해?', '어떤 음식을 좋아하니?' 등 묻고 답하는 모든 것들, 다양한 친구들의 생각을 들어보는 모든 것들을 다 토의라고 할 수 있지요.
그렇다면 토의를 하면 무엇이 좋을까요?

첫째, 다양한 사람의 생각을 경청하며 배려할 수 있다.
둘째, 다양한 의견을 들으며 생각이 깊어진다.
셋째, 고민하던 문제에서 더 좋은 해결책이 나올 수 있다.

토의를 할 때 가장 중요한 것은 상대방의 의견을 존중하고 듣는 자세를 배운다는 것입니다. 부모님도 우리 아이들과 다양한 주제로 토의를 진행하면서 아이의 의견을 존중해주세요.

그렇게 생각할 수도 있구나!
어떻게 그렇게 좋은 의견을 낼 수 있었니?
엄마는 거기까지는 생각하지 못했는데 말이야.

아이의 좋은 생각을 발견하고, 인정하고, 알아준다면 아이는 스피치의 중요성에 대해 명확하게 알 것이며 자신의 생각을 표현하는 것에 흥미를 느끼게 될 것입니다. 스피치 책을 읽은 오늘,
모두가 공감할 수 있는 주제로 토의해보는 것은 어떨까요?

나무젓가락
낭독연습
- 토의하기 -

레슨 1. 앞니 8개가 보인 상태에서 나무젓가락을 물고 발음 연습을 한다.

레슨 2. 파란색 부분은 손날 몸짓 언어를 넣어서 발표한다.

레슨 3. 빨간색 부분의 끝말을 강하게 발음한다.

레슨 4. 한 문장이 끝나면 2박자 쉰다.

(미소)

안녕하세요.

예절이 왜 필요한가? 라는 주제로 토의하겠습니다. / /

저는 예절이 상대방에 대한 배려라고 생각합니다. / /

왜냐하면 학급에는 다양한 친구들이 함께 수업을 받습니다. / /

예의 없이 마음대로 행동한다면 학급 친구들에게 피해를 줄 수 있으며

그 피해는 저에게도 돌아와 불편을 줄 것입니다. / /

다른 분의 의견은 어떠신가요?

---

tip

발표 시 몸짓 언어만 잘 사용해도 말의 전달력을 높일 수 있습니다.

스피치 상담소

Q. 똑똑해 보이게 책을 읽고 싶어요.

A. 책을 읽을 때 똑 부러지게 읽고 싶다면 이것만 기억하세요.
바로 우! 발음을 정확하게 발음할 것!

✱ '우' 발음마다 색칠한다.
　입술을 2배 튀어나오게 만들어 우 발음을 정확하게 한다.

"나는 학교 화장실에서 절대로 똥을 누지 않는다."
화장실에서 똥을 누다가는 놀림 받기 일쑤고
물벼락을 맞을 수도 있기 때문에
나는 학교 화장실에서 똥을 누지 않는다.
그런데 똥맨은 다르다.

공부 시간에나 쉬는 시간에나 가고 싶을 땐
언제든지 두루마리 휴지를 들고 당당히 화장실에 간다.
아이들이 '똥맨'이라고 놀리면 오히려 태연하게
휘파람을 분다.
자기는 똥도 무서워하지 않는 마법사 똥맨이라나?

《마법사 똥맨》, 송언 저, 창비, 2008

어떤가요? '우' 발음만 잘해도 낭독할 때 더 잘 들리는 것을 볼 수 있습니다. 오늘부터 실천해보세요.

얼굴 스트레칭

1. 얼굴 마사지

얼굴을 클레이처럼 말랑말랑하게 만들어주세요
두 볼이 살짝 따뜻하다 느껴질 때까지 충분히 마사지해주세요.

2. 아 에 이 오 우 얼굴 풀기

입 모양을 움직여서 얼굴을 발음하기 좋은 상태로 만들 것입니다.
평상시 입 모양보다 두 배로 크게 입 모양을 만들어주세요.
그리고 천천히 아 에 이 오 우 5번,
반대로 우 오 이 에 아 5번을 거울을 보고 연습해주세요.

☆

'아'의 입 모양은 하마가 하품하는 모습입니다.
손가락 세 개가 세로로 들어갈 정도로 크게 만들어 주세요.

☆

'에'의 입 모양은 반달 모양입니다.
양쪽 입꼬리에 힘을 주고 웃는 입 모양을 만들어주세요.

'이'의 입 모양은 웃는 모습입니다. 입꼬리가 웃는 것처럼 위로 올라가요. 우리가 사진을 찍을 때 김치라고 외치는 이유도 입꼬리가 올라가고 위의 치아 8개가 자연스럽게 보이는 발음이기 때문입니다.

'오'의 입 모양은 작은 도넛 모양입니다.
입술을 작고 동그랗게 만들어주세요.
입술에 힘이 없으면 동그랗게 만들기가 어려워요.

'우'의 입 모양은 입술이 뽀뽀하는 것처럼 앞으로 튀어나와요.
윗입술에 힘을 주어 입술이 위로 올라가게 해주세요.
더 정확하게 발음할 수 있습니다.

3. 얼굴 풍선 만들기

얼굴을 풍선이라고 생각하고 볼을 빵빵하게 만들어주세요.
입안의 공기를 오른쪽, 왼쪽으로 천천히 돌려주세요.

4. 치아 쓸기

모음은 입술을 잘 풀어주면 발음이 편하고
자음은 혀를 잘 풀어주면 발음이 쉽습니다.
혀가 칫솔이라고 생각해보세요.
치아의 위부터 아래까지 왼쪽, 오른쪽 10번 돌려주세요.

5. 혀 스트레칭

메롱 20번으로 혀와 혀뿌리를 스트레칭 해줍니다.
혀를 잘 움직이면 시옷과 리을 같은 어려운 발음을 편하게 발음할 수 있습니다.

❋ 연습하기 전 5분 얼굴 스트레칭을 해주세요. ❋
기초가 튼튼하면 스피치하기 더 쉽습니다.

tip

얼굴 스트레칭을 할 때
자신이 좋아하는 노래를 틀어놓고 하면
좀 더 즐겁게 얼굴을 풀 수 있습니다.

개구리 뒷다리 호흡

오늘은 선생님과 개구리 뒷다리로 장호흡(긴 호흡)을 배워보겠습니다.
호흡은 말의 재료입니다. 재료가 많으면 많을수록 발음하기도 편하고, 한 문장을 한 호흡으로 말할 수 있겠죠?
여러분이 노래를 부르는 것을 좋아한다면, 노래 부르기도 쉬워질 것입니다.
그러면 선생님과 놀이하듯 배워보겠습니다.

호흡단어 : 개구리 뒷다리
방법
· 개구리 뒷다리에서 '리'를 길게 발음한다.
　예시) 개구리 뒷다리~~~~~~~~~~~~~~~~~~~~~~~~~

어때요? 정말 쉽죠!
'리'의 길이를 10초, 20초, 30초까지 늘려보세요.
친구와 또는 부모님과 함께 대결해보세요.
즐겁게 호흡 대결을 하며 자연스레 호흡이 늘어나는 것을 볼 수 있습니다.
오늘은 선생님과 대결을 해봅시다.
30초까지 5번 해보겠습니다.
자, 시작!

1번	2번	3번	4번	5번

❋ 미션에 성공했으면 동그라미를 그려주세요.

계단 발성법

우리가 계단을 오를 때 어떻게 올라갈까요?
한 칸 한 칸 높게 올라가지요.
오늘 배울 발성법 또한 계단 올라가는 모습과 똑같습니다.
계단 발성은 계단을 오르듯 점점 더 크게 말하는 거예요.

```
            요.↗
        세↗
      하↗
    녕↗
  안↗
```

말하다보면 말끝의 소리가 작아지거나 흐려질 때가 있지요?
분명 발표할 때 처음에는 씩씩하게 시작했는데 염소처럼 목소리가 떨리기도 합니다. 그럴 때 이 발성이 필요해요. 발표할 때 계단을 오르는 것처럼 발음을 점점 더 크게 하는 거예요.
손도 같이 계단을 오르는 것처럼 움직여 볼까요?

```
            다.↗
        니↗
      합↗
    사↗
  감↗
```

tip

1. 문장이 시작되면 낮은 소리에서 점점 크게 발음합니다.
2. 새로운 문장이 시작되면 다시 낮은 소리로 시작합니다.

끝소리까지 자신 있게~! 어떤가요? 소리가 씩씩하고 자신감이 있지요?
이렇게 멋진 계단 발성으로 반에서 가장 자신감 있는 학생이 되어봅시다!

으 입 모양 훈련

'으'의 입 모양은 우는 입 모양하고 똑같습니다. 울 때 입꼬리가 아래로 내려가지요? '으'의 발음을 잘해주기 위해서는 입꼬리를 최대한 옆으로 당겨주는 것이 좋습니다.

순서	1. 말의 가장 작은 단위 음소 연습 2. 어려운 받침 연습 3. 단어 연습 4. 모음의 입 모양 연습 5. 문장 연습
음소	으 으 으 으 으 으 으 으 으 으 으
받침	응 응 응 응 응 응 응 응 응 응
단어	은하 은~하 은~~하 은~~~하 은~~~~하!
입 모양	우 우 에 으 아 와 으 아 우 아 예 어 아
문장 연습	우주에 은하와 은하수가 예뻤다.

으 입 모양 게임

그 네	그 림	그 림 책	그 리 움
느 림	느 림 보	늑 골	느 끼 하 다
드 럼	들 것	뜰 채	뜨 겁 다
르	르 포	르 완 다	르 네 상 스
므	믈	~ 므 로	흐 뭇 하 다
브 라 질	브 레 인	브 롤 스 타 즈	브 이 로 그
스 님	스 시	스 푼	스 케 이 트
은 장 도	은 행	은 쟁 반	은 하 수
즙	즐 겁 다	증 기	증 발
측 은 지 심	측 우 기	측 백 나 무	측 은 하 다
크 림	크 로 커 다 일	크 레 파 스	크 리 스 마 스
트 림	트 집	트 럼 프	트 럼 펫
프 릴	프 로 필	프 린 트	프 라 하
흐 림	흐 름	흐 지 부 지	흘 리 다

tip. 공부하는 태도는 삶의 태도와 맞닿아 있습니다.
하나의 발음도 정성스럽게 하는 아이는 더 큰 일도 성실하게 할 수 있습니다.

함께 몸짓 언어

1. 두 손을 가슴 앞에서 마주 잡습니다. 맞잡은 두 손이 내려가면 힘이 없어 보입니다.
2. 함께 몸짓 언어를 할 때는 반드시 청중과 눈을 맞춰주세요.
3. 얼굴 표정과 함께 한다면 전달 효과가 두 배입니다.

4. 맞잡은 두 손이 덜렁거리지 않게 고정해주세요.
5. 몸짓 언어는 3초 이상 유지하고 손을 천천히 내려주세요.
6. 손바닥을 강하게 마주치며 몸짓 언어를 하면 박력 있는 몸짓 언어를 만들 수 있습니다.

예시) 함께합시다. / 저를 꼭 기억해주세요. / 잊지 말아주세요. / 모두 수고하셨습니다.

듣는 사람의 의견을 모을 때 사용하는 몸짓 언어입니다.

동참하는 마음을 강하게 표현하며 함께하고 싶은 마음이 들게 하는 이 몸짓 언어는 따뜻한 느낌을 줍니다. 청중의 동조를 구할 때, 간절한 마음을 표현할 때 함께 몸짓 언어를 적극적으로 사용해보세요.

몸짓 언어 주의할 점	두 손을 가슴 앞에서 맞잡는다.
	3초 이상 몸짓 언어를 유지한다.
문장 연습	우리 함께 반을 위해서 힘을 더합시다.
	함께 힘을 모아 에너지 절약을 합시다.
	혼자가 아니라 함께라는 생각을 해야 합니다.
미션	휴대폰으로 몸짓 언어 사진 촬영하기

거울을 보고 함께 몸짓 언어를 연습해주세요.

문장 연습에서 색칠된 부분에 몸짓 언어를 넣어주세요.

마지막으로 휴대폰으로 촬영하여 자신의 모습을 점검합니다.

토론은 왜 중요할까?

토론과 토의의 차이점은 무엇일까요?
토의가 한 가지 주제에 대한 다양한 생각을 들어보는 것이라면 토론은 주제에 대해 찬성과 반대로 나누어서 각자의 의견을 논리적으로 설득하는 과정입니다.

토론의 장점은 다음과 같습니다.

1. 나의 생각을 근거를 들어 말할 수 있다.
2. 타인의 생각을 비판적으로 듣고 생각할 수 있다.
3. 상대를 설득하는 방법을 배운다.

토의는 나의 생각을 확장시킨다면, 토론은 자신의 생각을 정리하고 논리적으로 상대방을 설득하는 법을 배울 수 있습니다.

아이들은 부모님의 언어 습관을 보고 듣고 배웁니다.
논리적인 아이로 키우고 싶으신가요? 그렇다면 토의와 토론의 말하기 방식을 부모님이 먼저 사용해주세요. 그리고 토의와 토론 후에는 노트에 정리해서 느낀 점까지 작성하게 해준다면 생각의 근력이 탄탄한 아이로 자라나겠죠?

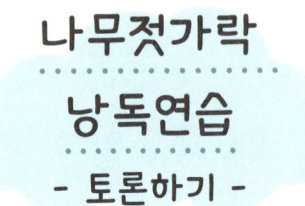

나무젓가락 낭독연습
- 토론하기 -

레슨 1. 앞니 8개가 보인 상태에서 나무젓가락을 물고 발음 연습을 한다.

레슨 2. 파란색 부분은 함께 몸짓 언어를 넣어서 발표한다.

레슨 3. 빨간색 부분의 끝말을 강하게 발음한다.

레슨 4. 미소를 지으며 발표한다.

저는 초등학생들의 스마트폰 사용을 반대합니다. //

왜냐하면 스마트폰에 중독될 수 있기 때문입니다. //

한국 전자통신연구원 연구 결과에 의하면 휴대폰을 많이 사용하는 아이들은 주의력 결핍과 과잉 행동 장애를 일으키며 스마트폰 의존도가 높아진다고 합니다. //

그래서 저는 초등학교 스마트폰 사용에 반대합니다. //

우리 함께 스마트폰 중독에서 벗어날 수 있도록 스마트폰 사용을 줄여야겠습니다.

---

tip

발표 시 몸짓 언어만 잘해도 전달력이 상승합니다.

스피치 상담소

Q. 어휘력이 부족한 우리 아이 어떻게 해야 할까요?

A. 아이들이 좋아하는 전천당, 엉덩이 탐정, 설민석의 한국사와 같은 교육 만화는 읽기 쉬운데 왜 교과서를 읽으면 내용을 이해하기 어려울까요?

바로 어휘력이 부족하기 때문입니다.
책을 이해하기 어렵다는 것은 쉬운 말로 모르는 단어가 많이 나와서
읽기 실력이 떨어지는 것이지요.
그렇다면 다음 순서에 따라서 어휘 훈련을 해 보겠습니다.

첫째, 어려운 단어를 동그라미로 표시한다.
둘째, 앞뒤 문맥을 보고 예상한 단어의 뜻을 쓴다.
셋째, 사전을 찾아 정확한 단어의 뜻과 내가 생각한 단어의 뜻의 차이를 알아본다.
넷째, 오늘 공부한 어휘가 들어가게 한 줄 문장을 만든다.
다섯째, 만든 문장을 활용해서 스피치 한다.

이렇게 어휘력 공부를 한다면 다른 책에서 공부한 어휘가 나왔을 때 정확한 의미를 알기 때문에 자신감 있게 읽을 수 있습니다.

어휘력 훈련 실습

1. 어려운 단어를 동그라미로 표시한다.
2. 앞뒤 문맥을 보고 예상한 단어의 뜻을 쓴다.
3. 사전을 찾아 정확한 단어의 뜻과 내가 생각한 단어의 뜻의 차이를 알아본다.
4. 오늘 공부한 어휘가 들어가게 한 줄 문장으로 만든다.
5. 만든 문장을 활용해서 스피치 한다.

어려운 어휘 : 정진하다

내가 생각한 단어의 뜻	정돈하고 앞으로 나아가다.
어학 사전 뜻	힘써 나아가다. 몸을 깨끗이 하고 마음을 가다듬다.
한 줄 문장 만들기	학업에 정진하다.
스피치 하기	학업에 정진하는 것은 학생의 기본입니다.

❋ 어려운 단어를 연습해보자! ❋

어려운 어휘 :

내가 생각한 단어의 뜻	
어학 사전 뜻	
한 줄 문장 만들기	
스피치 하기	

tip. 매일 하루 하나씩 나만의 어휘를 꼭 만들어 보세요.

부모님 꿀팁

아이들에게 어휘력 노트를 만들어주세요.
그리고 하루에 딱! 한 단어만 위의 방식으로 적어서 연습해주세요.

하루에 하나로 정하는 건 부담스럽지도 않고 1년을 생각할 때 아이는 365개의 어휘를 정확하게 이해할 수 있습니다. 또한 하루에 한 단어로 계획할 때 오히려 아이들이 더 하고 싶다고 하더라고요!
그럴 때 '아니야! 오늘 딱! 하나야!'라고 하면 부모님 모르게 더 공부하는 아이를 볼 수 있습니다. 이건 실화랍니다.

얼굴 스트레칭

1. 얼굴 마사지

얼굴을 클레이처럼 말랑말랑하게 만들어주세요
두 볼이 살짝 따뜻하다 느껴질 때까지 충분히 마사지해주세요.

2. 아 에 이 오 우 얼굴 풀기

입 모양을 움직여서 얼굴을 발음하기 좋은 상태로 만들 것입니다.
평상시 입 모양보다 두 배로 크게 입 모양을 만들어주세요.
그리고 천천히 아 에 이 오 우 5번,
반대로 우 오 이 에 아 5번을 거울을 보고 연습해주세요.

☆

'아'의 입 모양은 하마가 하품하는 모습입니다.
손가락 세 개가 세로로 들어갈 정도로 크게 만들어 주세요.

☆

'에'의 입 모양은 반달 모양입니다.
양쪽 입꼬리에 힘을 주고 웃는 입 모양을 만들어주세요.

'이'의 입 모양은 웃는 모습입니다. 입꼬리가 웃는 것처럼 위로 올라가요.
우리가 사진을 찍을 때 김치라고 외치는 이유도 입꼬리가 올라가고
위의 치아 8개가 자연스럽게 보이는 발음이기 때문입니다.

'오'의 입 모양은 작은 도넛 모양입니다.
입술을 작고 동그랗게 만들어주세요.
입술에 힘이 없으면 동그랗게 만들기가 어려워요.

'우'의 입 모양은 입술이 뽀뽀하는 것처럼 앞으로 튀어나와요.
윗입술에 힘을 주어 입술이 위로 올라가게 해주세요.
더 정확하게 발음할 수 있습니다.

3. 얼굴 풍선 만들기

얼굴을 풍선이라고 생각하고 볼을 빵빵하게 만들어주세요.
입안의 공기를 오른쪽, 왼쪽으로 천천히 돌려주세요.

4. 치아 쓸기

모음은 입술을 잘 풀어주면 발음이 편하고
자음은 혀를 잘 풀어주면 발음이 쉽습니다.
혀가 칫솔이라고 생각해보세요.
치아의 위부터 아래까지 왼쪽, 오른쪽 10번 돌려주세요.

5. 혀 스트레칭

메롱 20번으로 혀와 혀뿌리를 스트레칭 해줍니다.

혀를 잘 움직이면 시옷과 리을 같은 어려운 발음을 편하게 발음할 수 있습니다.

❋ 연습하기 전 5분 얼굴 스트레칭을 해주세요. ❋

기초가 튼튼하면 스피치하기 더 쉽습니다.

tip

순서를 끝에서 앞으로 변화를 주어도 좋습니다.

또한 거울을 보면서 연습해주세요.

비닐봉지 호흡

오늘은 선생님과 비닐봉지 호흡 놀이를 배워볼 거예요.
정말 얇고 작은 비닐봉지를 하나 준비해봅시다.

비닐 봉지 호흡하는 법

1. 얇은 비닐봉지를 준비한다.
2. 1분 타이머를 맞춘다.
3. 비닐봉지를 천장으로 높게 던진다.
4. 손을 사용하지 않고 호흡을 불어서 떨어지지 않게 한다.

---

tip

아이와 비닐봉지 호흡을 할 때 주의 사항이 있습니다.
거실의 주변 사물을 정리하고 아이와 주변에 뭐가 있는지 눈으로 확인하고
발로 만지면서 위험 요소들을 인지할 수 있게 합니다.
또는 노란 테이프를 바닥에 사각형 모양으로 만들고 선 안에서만
호흡 놀이를 할 수 있도록 지도해주세요.
놀이에 앞서 아이의 안전이 우선입니다.

스타카토 발성 훈련

발음이 분명하지 않아서 고민이라면 스타카토 발성을 연습하면 좋습니다. 어려운 발음은 모두 끊어서 연습하세요.

방법

1. 자세를 바르게 한다. (특히 허리를 펴고 소리 낼 것)
2. 절대로 목에 힘을 주어 소리 내지 않는다.
3. 끊어 읽을 때 아랫배가 쏙쏙 들어간다.
4. 벽에 한 점을 찍는다.
5. 그 점에 소리를 강하게 끊어서 쏜다.

❋ 스타카토 발성 연습 ❋

1. 콩/떡/ 팥/떡/ 꿀/떡/ 쑥/떡/

2. 이/ 말/은/ 말/ 맬/ 말/이/냐/ 말/ 못/ 맬/ 말/이/냐.

3. 간/장/공/장/ 공/장/장/은/ 강/ 공/장/장/이/고/
   된/장/공/장/ 공/장/장/은/ 장/ 공/장/장/이/다.

4. 이/ 토/끼/ 토/끼/통/ 옆/에/는/ 큰/ 토/끼/가/ 있/고/
   저/ 토/끼/ 토/끼/통/ 옆/에/는/ 작/은/ 토/끼/가/ 있/다.

이 입 모양 훈련

이의 입 모양은 웃을 때 입 모양하고 똑같습니다.
이의 발음을 잘해주기 위해서는 입꼬리를 최대한 위로 올려야 합니다.
이때 중요한 것은 위의 치아 8개가 모두 보이는 것입니다.

순서	1. 말의 가장 작은 단위 음소 연습 2. 어려운 받침 연습 3. 단어 연습 4. 모음의 입 모양 연습 5. 문장 연습
음소	이 이 이 이 이 이 이 이 이 이
받침	일 일 일 일 일 일 일 일 일 일
단어	일기 일~기 일~~기 일~~~기 일~~~~기!
입 모양	이 와 에 어 이이와 이야 으 이 오 이 오 오 야 이 으 아 애 아 오 이 아 으 아 아 아
문장 연습	치과에서 치실과 치약 그리고 칫솔로 양치를 잘했다고 칭찬을 받았다.

이 입 모양 게임

기초	기린	기자	기지
니퍼	니글니글	니트	닌자
디딤돌	디자인	디지털	디자이너
리본	리듬	리어카	리필
미소	미국	미래	미용실
비	비교	비빔밥	비행기
시험	시인	시간	시소
이름	이빨	이사	이야기
지갑	지혜	지식	지렁이
치약	치실	칫솔	칭찬
키티	키위	키보드	키우다
티브이	티눈	티셔츠	팅커벨
피자	피리	피아노	피리
히말라야	히쭉거리다	힌트	힐끗

엄지손 몸짓 언어

1. 얼굴 앞에서 엄지손 몸짓 언어를 해주세요.
2. 몸짓 언어는 3초 이상 유지해 주세요.
3. 손이 덜렁거리지 않게 고정해 주세요.

4. 양손 엄지손 몸짓 언어도 경쾌해 보입니다.
5. 두 손을 앞으로 내밀며 몸짓 언어를 해도 역동적으로 보입니다.
6. 미소와 함께 해보세요.

몸짓 언어를 발표할 때만 사용한다고 생각하시나요? 그렇지 않습니다. 친구들의 말을 잘 경청하고 있다는 반응으로 몸짓 언어를 활용한다면 인기 만점인 친구가 될 것입니다. 누군가 나의 말에 집중하고 반응해 준다면 그것만큼 행복한 것은 없을 것입니다. 주변 친구들에게 또는 가족에게 적극적으로 몸짓 언어를 해주세요. 좋은 몸짓 언어 습관을 만들어보세요.

가장 좋다는 것을 강조할 때 사용하는 몸짓 언어입니다.

이 몸짓 언어를 사용하면 자신감이 넘쳐 보이는 느낌을 줍니다.

몸짓 언어를 할 때는 3초 이상 유지하며 손이 덜렁거리지 않게 해주세요.

몸짓 언어 주의할 점	엄지를 올리고 강조한다.
	3초 이상 몸짓 언어를 유지한다.
문장 연습	세계 최고의 그룹 방탄소년단입니다.
	세상에서 엄마가 가장 좋습니다.
	우리 반이 최고라고 생각합니다.
미션	휴대폰으로 몸짓 언어 사진 촬영하기

거울을 보고 엄지손 몸짓 언어를 연습해주세요.

문장 연습에서 색칠된 부분에 몸짓 언어를 넣어주세요.

마지막으로 휴대폰으로 촬영하여 자신의 모습을 점검합니다.

시 창작은 왜 중요할까?

혹시 말하기를 할 때 말이 급하게 나오고 빨라서 힘든 친구들 있나요? 아니면 마음이 불안하고 호흡이 떨리는 친구들은요? 그런 친구들은 시 창작하는 법을 배우면서 마음도 진정시키고 빠른 말도 천천히 할 수 있습니다.

먼저 시를 지을 때는 자신이 잘 아는 것에 대해 적는 것이 중요해요. 예를 들어 친구, 가족, 동생, 언니, 오빠, 선물, 내가 좋아하는 동물 등 쉽고 친숙한 주제부터 시작하는 게 좋습니다.

그리고 시가 어렵다고 생각하지 말고 ~같이, ~처럼 등등 비유법과 직유법을 사용해서 시를 써보세요. 유명한 시인의 시를 단어만 조금씩 바꿔가면서 작성해도 흥미로운 시를 창작할 수 있습니다.

예시) 유명한 시를 활용한 나만의 시 만들기

윤동주 - 서시 (序詩)	조명실 - 시험
죽는 날까지 하늘을 우러러 한 점 부끄럼이 없기를, 잎새에 이는 바람에도 나는 괴로워했다. 별을 노래하는 마음으로 모든 죽어 가는 것을 사랑해야지. 그리고 나한테 주어진 길을 걸어가야겠다. 오늘 밤에도 별이 바람에 스치운다.	시험 날까지 하늘을 우러러 한 점 부끄럼이 없기를, 교실에 이는 바람에도 나는 괴로워했다. 자신을 사랑하는 마음으로 모든 시험 범위를 공부해야지. 그리고 나한테 주어진 시간을 걸어가야겠다. 오늘 밤에도 땀이 이마에 스치운다.

부모님 꿀팁

아이가 시적 대상을 정하고 마인드맵으로 생각을 확장시키면 그것을 만져보거나 냄새나 소리, 오감을 활용해서 시를 창작할 수 있도록 해주세요.
멋진 시를 액자에 넣어 집안에 걸면 아이들은 더 쓰고 싶은 생각이 들 것입니다.

어릴 적에는 선생님이나 부모님의 한마디 말로도 재능이 생기기도 하고 사라지기도 합니다. 이 중요한 시기를 놓치지 말고 아이의 장점을 키워주기 위해 끊임없이 관찰하시길 바랍니다.

❋ 시 마인드맵 만들기 ❋

마인드맵이라는 것은 마음의 지도라는 뜻입니다. 대상을 생각할 때 떠오르는 것을 다 적어보는 것이지요. 단, 주의할 것은 대주제를 정하고 소주제를 만들어서 같은 것끼리 분류해보는 것입니다.

예시) 대주제 : 시
  소주제 : 알고 있는 시, 시의 장점, '시' 하면 떠오르는 것

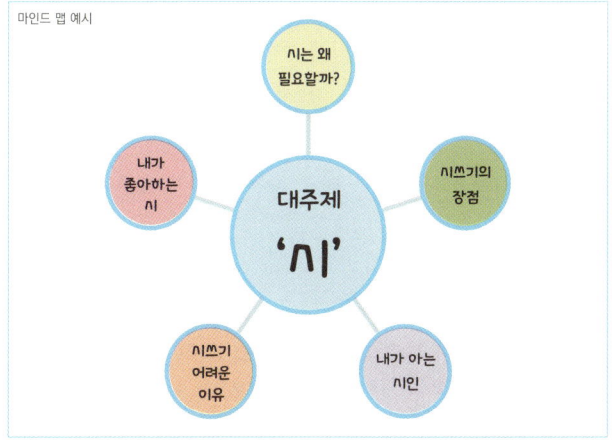

나무젓가락 시 창작, 낭독 연습

레슨 1. 앞니 8개가 보이는 상태에서 나무젓가락을 물고 발음 연습을 한다.
레슨 2. 미소를 지으며 낭독한다.
레슨 3. 거북이처럼 느리게 발음한다.
레슨 4. 파란색 부분에 엄지손 몸짓 언어를 넣는다.

우리 가족
조명실

동글동글 코알라처럼 귀여운 우리 엄마

으르렁 사자같이 가끔은 무서운 우리 아빠

원숭이같이 시끄러운 우리 언니

참새같이 짹짹거리는 나

세상에서 가장 멋진 우리 가족

우리 가족

_____처럼_____한 세상에서 가장 예쁜 우리 엄마

_____같이_____한 세상에서 가장 멋진 우리 아빠

_____인 듯이_____나

무지개처럼 다양한 빛깔의 우리 가족

스피치 상담소

Q. 우리 아이가 선택적 함구증입니다. 어떻게 해야 하나요?

A. 선택적 함구증이란 다른 상황에서는 말을 하면서도 특정 상황에서 말을 하지 않거나 언어적으로 반응하지 않는 것입니다. 이것은 불안 장애 중 하나입니다. 보통 새로운 공간과 낯선 사람을 만날 때, 트라우마가 있는 물건이나 상황을 마주쳤을 때 빈번하게 일어나지요.

그렇다면 우리 아이가, 혹은 나 자신이 선택적 함구증인지 다음 문항을 보면서 체크해주시길 바랍니다.

1. 부모나 가족 중에서 감정 표현을 어려워하는 양육자가 있다.
2. 집에서는 말을 잘하는데 나가면 말수가 적어진다.
3. 학교에서 1개월 이상 또래와 사귀지 않고 함구한다.
4. 사실에 관한 일은 잘 말해도 본인의 의견은 함구한다.
5. 낯선 사람에게 인사하기 어려워하고 간단한 질문에도 답하기 어려워한다.

아이는 부모님을 보고 감정과 언어를 습득합니다.
상대적으로 반응이 적은 부모님은 아이가 보고 배울 것이 적기 때문에 자신의 감정을 언어적으로 전달하고 표현하는 것에 큰 어려움이 있습니다.
이런 양육자분 또한 감정 표현이 적거나 또는 엄격한 집안에서 자랐을 경우가 많습니다.

아이의 감정을 억압하거나 강하게 훈육하면 자신의 감정을 표현했을 때 주변의 반응이 부정적이기 때문에 감정을 숨기는 것이 표현하는 것보다 익숙한 아동이 됩니다.

또한 아이들이 또래와 사귀지 않고 양육자에게 의존하며 분리가 되지 않고 불안 증세를 보이는 경우가 있습니다.
특히 어린이집이나 1학년 초기에 빈번하게 일어납니다. 하지만 입학하고 나서 어떤 불편한 경험을 통해서 마음의 문이 닫히고 함구하는 친구들도 있습니다.
예시로, 어린이집에서 아이와 헤어져야 하는데 마음이 약해서 머뭇거리는 부모님이 있습니다.
결국 아이는 계속 엄마를 바라보고 새로운 관계 형성을 하지 않습니다. 아이가 다른 아동, 선생님과 관계 형성을 할 수 있도록 단호하게 가주시는 것이 좋습니다.
또한 '선생님과 친구들이 너를 반기고 오늘도 즐거운 일이 많이 생길거야.', '선생님들을 믿어봐! 다들 너를 기다리고 있어!'라는 긍정적인 말을 해주세요.

마지막으로 낯선 사람들을 만날 때 인사의 타이밍을 놓치는 아이들이 있는데요.
사실 함구증 아이들은 굉장히 섬세하고 똑똑한 아이들입니다.
이 사람이 나에게 해를 끼칠 사람인지 아닌지를 자세히 관찰하고 신중하기 때문에 마음이 편안해지기 전까지는 함구하면서 상황을 보는 것이지요.
그런데 그것도 모르고 답답해하시고 심한 경우에는 아이의 머리에 손을 놓고 숙이는 양육자님도 있습니다.
아니면 인사해야지! 하면서 강요하듯 말해서 아이 스스로 하고 싶은 마음을 사라지게 하는 경우도 있지요.
이건 타이밍의 문제입니다. 아이가 인사할 때까지 기다려주고, 언어적으로 인사하는 것이 불편하다면 가볍게 목례를 하거나 손을 흔드는 비언어적인 요소부터 해결할 수 있게 단계적으로 문제를 풀어가는 것이 좋습니다.
그리고 첫말을 어떻게 해야 할지 고민인 친구들도 있습니다.
이럴 때는 '어떤 말로 시작하면 좋을까?' 하고 그 첫말을 만들어주세요.

그럼 다음 5가지 솔루션으로 해결 방안을 알아보겠습니다.

1. 표현 훈련 - 큰 소리, 큰 행동 - 태권도 · 댄스 · 스피치 · 연기 학원
2. 낯선 장소 적응 훈련 - 장소에 관한 퀴즈 - 무서운 눈이 아닌 재미있는 관찰자 입장에서 보기
3. 불편한 마음의 이유 찾기 - 놀이 치료
4. 하루에 한 번 자신을 칭찬하는 노트 만들기
5. 애착 인형 만들어주기 - 엄마와 같이 있다는 느낌

정말 중요한 건 문제라고 바라보지 않는 것입니다.
이 계기를 통해서 아이를 더 이해하고 사랑하는 통로라고 생각해주세요.
엄마의 태도가 아이의 태도를 형성합니다.

마지막으로 우리 친구들에게 말하고 싶어요.

그동안 많이 힘들었지.
선생님도 어릴 때 마음이 조금이라도 불편하면 말하기가 어려웠어.
충분히 그럴 수 있어. 하지만 너를 사랑하고 아끼는 사람들이 정말 많아.
힘들 때는 그런 사람들을 생각하면서 조금씩 용기 내보자!

스피치 놀이터

이번 챕터에서는 친구들하고 같이하면 좋을 발성 게임을 알려줄게요!
바로 왕밤빵 게임입니다.
그럼 시작해볼까요?

---

1. 왕밤빵! 이라고 크게 말하며 다른 친구를 지목한다.
2. 지목받은 친구는 다른 친구에게 왕밤빵이라고 지목한다.
3. 빠르게 왕밤빵 게임을 하며 틀린 친구에게 인디언 밥을 한다.

tip. 게임은 3명 이상 가능하다.

이렇게 놀이하듯 스피치를 배울 수 있다니 재미있죠?
공부라고 해서 의자에만 앉아서 쓰기만 하는 게 아닙니다.
스피치는 이렇게 몸을 움직이면서 즐겁게 해야 기억에도 오래 남기 때문입니다.

얼굴 스트레칭

1. 얼굴 마사지

얼굴을 클레이처럼 말랑말랑하게 만들어주세요
두 볼이 살짝 따뜻하다 느껴질 때까지 충분히 마사지해주세요.

2. 아 에 이 오 우 얼굴 풀기

입 모양을 움직여서 얼굴을 발음하기 좋은 상태로 만들 것입니다.
평상시 입 모양보다 두 배로 크게 입 모양을 만들어주세요.
그리고 천천히 아 에 이 오 우 5번,
반대로 우 오 이 에 아 5번을 거울을 보고 연습해주세요.

☆

'아'의 입 모양은 하마가 하품하는 모습입니다.
손가락 세 개가 세로로 들어갈 정도로 크게 만들어 주세요.

☆

'에'의 입 모양은 반달 모양입니다.
양쪽 입 꼬리에 힘을 주고 웃는 입모양을 만들어주세요.

'이'의 입 모양은 웃는 모습입니다. 입꼬리가 웃는 것처럼 위로 올라가요. 우리가 사진을 찍을 때 김치라고 외치는 이유도 입꼬리가 올라가고 위의 치아 8개가 자연스럽게 보이는 발음이기 때문입니다.

'오'의 입 모양은 작은 도넛 모양입니다.
입술을 작고 동그랗게 만들어주세요.
입술에 힘이 없으면 동그랗게 만들기가 어려워요.

⭐

'우'의 입 모양은 입술이 뽀뽀하는 것처럼 앞으로 튀어나와요.
윗입술에 힘을 주어 입술이 위로 올라가게 해주세요.
더 정확하게 발음할 수 있습니다.

3. 얼굴 풍선 만들기

⭐

얼굴을 풍선이라고 생각하고 볼을 빵빵하게 만들어주세요.
입안의 공기를 오른쪽, 왼쪽으로 천천히 돌려주세요.

4. 치아 쓸기

모음은 입술을 잘 풀어주면 발음이 편하고
자음은 혀를 잘 풀어주면 발음이 쉽습니다.
혀가 칫솔이라고 생각해보세요.
치아의 위부터 아래까지 왼쪽, 오른쪽 10번 돌려주세요.

5. 혀 스트레칭

☆

메롱 20번으로 혀와 혀뿌리를 스트레칭 해줍니다.
혀를 잘 움직이면 시옷과 리을 같은 어려운 발음을 편하게 발음할 수 있습니다.

✿ 연습하기 전 5분 얼굴 스트레칭을 해주세요. ✿
기초가 튼튼하면 스피치하기 더 쉽습니다.

tip

아이와 함께 연습해주세요.
그런 후에 '얼굴 스트레칭을 하니까 기분이 어땠어?' 하고 물어봐주세요.
스피치 연습은 일상 속에서 자연스럽게 하는 것이 좋습니다.

복식 호흡이란?

선생님은 처음에 복식 호흡을 왜 해야 하는지 몰랐습니다.
그런데 복식 호흡을 꾸준히 하면 다음과 같이 3가지가 정말 좋아집니다.

첫째 : 기분이 차분해진다.

선생님의 어린 시절에는 화가 날 때 감정을 정리하기가 어려웠습니다.
예를 들어 친구랑 싸우면 호흡이 거칠어져서 말이 나오지 않았지요!
그런데 복식 호흡을 화날 때나 기분이 안 좋을 때, 긴장될 때 하면 놀랍게도 마음이 차분해지는 것을 느꼈습니다. 이렇게 놀라운 복식 호흡을 매일 해봅시다!

둘째 : 말끝이 분명해진다.

예전에는 호흡이 부족해서 말의 끝이 염소처럼 떨리거나 흐려졌습니다. 그런데 복식 호흡을 하고 나서 말끝이 분명해졌지요.

셋째 : 말을 편하게 한다.

호흡이 부족하면 입안에 침이 고이거나 또는 쉬고 싶지 않아도 숨을 들이마시게 됩니다. 이제는 그런 불편함 없이 편하게 말할 수 있지요.

복식 호흡

복식 호흡을 하기 전에 호흡을 정돈하면 기분이 차분해지고, 복식 호흡을 더 잘할 수 있습니다.

호흡정돈
1. 후~ 하고 입안에 있는 호흡 내쉬기
2. 코로 호흡 천천히 마시기
3. 입으로 호흡을 천천히 뱉기

   tip. 마시는 호흡보다 내쉬는 호흡을 더 길게 해주기

복식 호흡
1. 후~ 하고 입안에 있는 호흡 내쉬기
2. 코로 호흡 천천히 마시기
3. 배가 풍선처럼 빵빵해진다.
4. 3초 동안 호흡을 멈춘다.
5. 위아래 앞니를 붙인다. 치아 틈 사이로 스~! 하고 호흡을 일정하게 내쉰다.

   tip. 마시는 호흡보다 내쉬는 호흡을 더 길게 해주기

1번	2번	3번	4번	5번

❋ 복식 호흡을 성공했으면 동그라미를 그려주세요.

된소리 발성 훈련

발음이 빠르게 교정되었으면 좋겠는데 시간은 없다면 된소리 발성 훈련을 해보세요. 된소리는 각각의 음가를 두 배로 강하게 발음을 해야 소리가 나기 때문에 빠른 시간 내에 발음을 교정하고 싶은 친구들에게 적합한 발성 훈련입니다.

✽ 아래 발음표를 보고 점점 더 크게 발성해주세요.

까 꺼 꼬 꾸 끄 끼

따 떠 또 뚜 뜨 띠

싸 써 쏘 쑤 쓰 씨

짜 쩌 쪼 쭈 쯔 찌

빠 뻐 뽀 뿌 쁘 삐

된소리 연습

상상하며 발음을 연습하면 지루하지 않게 연습할 수 있어요.
선생님과 즐겁게 된소리 발음을 연습해봅시다.

✤ 된소리 까 연습

'까'는 혀뿌리가 연구개에 닿아서 소리가 나는 발음입니다.
딱딱한 입천장 뒤에는 부드러운 연구개가 있습니다.
혀의 뿌리가 연구개에 닿아서 발음하고 있는지 점검해주세요.

> 까아 까아 까아 까아 까아 까아 까아 까아 까아 까아
> (까마귀 울음)
>
> 깡앙 깡앙 깡앙 깡앙 깡앙 깡앙 깡앙 깡앙 깡앙 깡앙
> (야구배트에 공치는 소리)
>
> 깔깔깔 깔깔깔 깔깔깔 깔깔깔 깔깔깔 깔깔깔 깔깔깔 깔깔깔
> (신나서 웃는 소리)
>
> 까 꺼 꼬 꾸 끄 끼
> (모음의 입 모양 생각하면서)
>
> tip. 세상에서 내가 가장 발음 잘한다고 생각하기

✿ 된소리 따 연습

'따'는 혀가 앞니 뒤에 붙어서 나는 소리입니다.
혀의 힘이 없으면 '따' 된소리 발음이 어렵습니다.
발화하기 전에 메롱 10번으로 혀를 스트레칭 해준 상태에서 발음해주세요

따아 따아 따아 따아 따아 따아 따아 따아 따아 따아
(힘차게 박수치는 소리)

땅앙 땅앙 땅앙 땅앙 땅앙 땅앙 땅앙 땅앙 땅앙 땅앙
(야구 배트에 공치는 소리)

띨띨띨 띨띨띨 띨띨띨 띨띨띨 띨띨띨 띨띨띨 띨띨띨 띨띨띨
(롤러코스터 올라가는 소리)

딸기 딸기 딸기 딸기 딸기 딸기 딸기 딸기 딸기 딸기
(딸기를 사달라는 간절한 소리)

딸~~~~~~기!

※ 물결표는 1박자입니다.

따 떠 또 뚜 뜨 띠
(모음의 입 모양 생각하면서)

tip. 세상에서 내가 가장 발음 잘한다고 생각하기

❋ 된소리 싸 연습

'싸'의 혀의 위치는 아랫니 뒤에 위치합니다.
혀가 영어의 번데기 발음 th처럼 입 밖으로 튀어나오지 않게 주의해주세요.

싸아 싸아 싸아 싸아 싸아 싸아 싸아 싸아 싸아 싸아
(힘차게 파도치는 소리)

싸악 싸악 싸악 싸악 싸악 싸악 싸악 싸악 싸악 싸악
(가위로 자르는 소리)

싸암 싸암 싸암 싸암 싸암 싸암 싸암 싸암 싸암 싸암
(맛있는 고기 쌈 먹는 소리)

쌈~~~~~~~~~~~~~~~~~~~~~~~~~~~~~~~~~~~~~~장!

※ 물결표는 1박자입니다.

싸 써 쏘 쑤 쓰 씨
(모음의 입 모양 생각하면서)

                tip. 세상에서 내가 가장 발음 잘한다고 생각하기

✽ 된소리 짜 연습

'짜'의 조음점(소리 나는 지점)은 입천장입니다.
혀의 가운데 중간이 입천장에 닿으면서 발음합니다.
혀를 입천장에 닿으면서 발음하고 있는지 점검해주세요.

짜아 짜아 짜아 짜아 짜아 짜아 짜아 짜아 짜아 짜아
(치약을 힘겹게 짜는 소리)

짱앙 짱앙 짱앙 짱앙 짱앙 짱앙 짱앙 짱앙 짱앙 짱앙
(최고라고 엄지 척 하는 소리)

찍찍찍 찍찍찍 찍찍찍 찍찍찍 찍찍찍 찍찍찍 찍찍찍 찍찍찍
(힘차게 박수치는 소리)

짜장면 짜장면 짜장면 짜장면 짜장면 짜장면 짜장면 짜장면
(짜장면 먹고 싶다는 간절한 소리)

짜 쩌 쪼 쭈 쯔 찌
(모음의 입 모양 생각하면서)

tip. 세상에서 내가 가장 발음 똑똑하다고 생각하기

❈ 된소리 빠 연습

'빠'의 조음점(소리 나는 지점)은 입술입니다.
양쪽 입술이 만났다가 강하게 떨어지면서 발음합니다.
입술에 힘을 주어서 발음하고 있는지 점검해주세요.

빠아 빠아 빠아 빠아 빠아 빠아 빠아 빠아 빠아 빠아
(가위 바위 보에서 보를 내는 소리)

빠앙 빠앙 빠앙 빠앙 빠앙 빠앙 빠앙 빠앙 빠앙
(총 쏘는 소리)

빵빵빵 빵빵빵 빵빵빵 빵빵빵 빵빵빵 빵빵빵 빵빵빵
(총을 세 방 쏘는 소리)

빵집 빵집 빵집 빵집 빵집 빵집 빵집 빵집 빵집 빵집
(배고파서 빵집에 가고 싶은 소리)

빠 뻐 뽀 뿌 쁘 삐
(모음의 입 모양 생각하면서)

tip. 세상에서 내가 가장 당당하다고 생각하기

✽ 아 어 오 우 으 이 입 모양 복습

모음 입 모양	닮은 그림	입 모양 그림	그림 그리기
아	하마 입 그림	◯	
어	놀란 표정	⬭	
오	작은 도넛	○	
우	뽀뽀 입술	○	
으	우는 얼굴	⎯	
이	웃는 얼굴	⎯	

다양한 주제 입 모양 게임

봄	여름	가을	겨울
노란색	빨간색	파란색	초록색
치킨	피자	햄버거	스파게티
하마	호랑이	사자	원숭이
한국	미국	중국	영국
비	구름	우박	천둥
선생님	소방관	의사	경찰관
아빠	엄마	언니	오빠
자	필통	지우개	연필
딸기	수박	파인애플	사과
양파	고구마	감자	당근
국어	수학	과학	영어
냉장고	텔레비전	세탁기	청소기
축구	농구	야구	배구

몸짓 언어 복습하기

몸짓 언어	사용할 수 있는 말
나 몸짓 언어	저는, 제 생각은, 나는, 스스로, 나 자신이
여러분 몸짓 언어	여러분, 여기 있는 모든 분
숫자 몸짓 언어	하나, 둘, 셋 첫째, 둘째, 셋째 일, 이, 삼
손날 몸짓 언어	이것이 중요합니다. 생각해보세요. 시작해보세요.
함께 몸짓 언어	함께 합시다. 같이 해주시면 좋겠습니다. 참여합니다. 우리는
엄지손 몸짓 언어	최고입니다. 멋집니다. 일등입니다.

스피치 상담소

Q. 선생님, 저는 자존감이 낮아요. 어떻게 하죠?

A. 학교생활을 하면서 힘들거나 어려운 일은 없었나요?
어느 날은 숙제가 많아서 지치고, 학교 갔다 와서 힘든데 학원도 가야 해서
더욱 힘들고 자존감까지 낮아지는 그런 날도 있을 거예요.
그럴 때, 누군가 '너는 할 수 있어.' 혹은 '괜찮아?' 이렇게 말해주면 좋겠지만,
그런 사람이 없다면 스스로가 자신에게 칭찬해주는 것도 좋은 방법입니다.
우리는 그동안 친구들을 칭찬만 했지
스스로를 알아주고 칭찬해 준 적이 없잖아요?
그래서 선생님은 칭찬 노트를 만들었습니다.
그곳에다가 하루에 한 번씩 칭찬을 적었어요.
그리고 힘들 때마다 보면서 나에게 힘을 주었죠!
다른 사람이 나를 어떻게 생각하는지보다
자신이 스스로를 어떻게 생각하는지가 중요합니다.
여러분도 꼭 해보세요!

나의 장점 10가지 작성하기	
1	
2	
3	
4	
5	
6	
7	
8	
9	
10	

부모님 꿀팁

저학년은 1차적인 집단이었던 가정에서 벗어나 많은 아이들과 상황들을 만나면서
자신감이 위축되거나 대처하기 어려워서 당황하기도 합니다.
심한 경우에는 트라우마까지 생기는 아이들이 있지요.
이럴 때 누군가 항상 있어주면 좋겠지만 그렇지 않다면
스스로를 다독이는 방법을 배워야 합니다.
그러기 위해 꼭 칭찬 노트를 만들어주시고
가족들도 하루에 한 줄씩 사소한 내용일지라도 칭찬의 말을 적어주세요~!
힘들어서 하교한 아이가 한 줄의 글로 마음을 위로받고 더 힘찬 내일의
학교생활을 준비할 수 있을 것입니다.

PART 2.
심화 발음 연습

어려운 발음아 모두 다 사라져라 얍!

들어가는 말

여러분, 정말 대단해요!
1단계의 기초 훈련까지 잘 따라와 주었어요.
이번 시간에는 어려운 발음 연습을 집중적으로 해볼 것입니다.
'에'와 '애'는 발음이 어떻게 다를까요?
이중 모음 발음은 어떻게 해야 하는 것일까요?
다른 발음은 잘 되는 것 같은데 리을 발음은 왜 이렇게 어려운 것일까요?
친절한 선생님과 함께 몸을 움직이면서 놀이하듯 배워봅시다.
하나도 어렵지 않아요.
게임의 레벨을 올리는 것처럼
자신감을 한껏 올려줄 발음 심화 연습을 시작해봅시다.
하기 전에 이렇게 외쳐보는 거예요.

내가 스피치를 하는 이유는 나 자신을 사랑하기 때문이야!
하루에 한 번씩 발음 연습을 통해서 내 발음은 정말 많이 달라질 거야.
앞으로 나를 힘들게 하는 것은 없어.
왜냐하면 내가 적극적으로 해결하기 때문이야!

선생님은 자신감을 기르기 위해서 거울을 보며 좋은 말들을 연습했어요.

누군가 나에게 칭찬을 해주는 것도 좋지만

스스로가 힘이 되는 말을 해줄 수 있는 것은 정말 멋진 일입니다.

저는 이 책을 읽고 있는 여러분이

선생님보다 더 훌륭한 사람이 될 거라 믿어요.

그럼 시작해볼까요?

'에'와 '애' 발음

발음 심화에서 배우는 에와 애는 모음의 입 모양을 정확하게 하는 것이 중요해요. 쉽게 설명해 줄게요.

에와 애의 입모양은 예쁜 반달 모양입니다.

우리가 웃을 때 입 모양이 바로 에와 애의 입 모양이지요.

선생님이 웃을 때 입 모양이 바로 반달 모양입니다.

거울을 보고 연습해주세요.

· 에의 입 모양은 손가락 하나가 세로로 들어갈 정도입니다.

　발음 연습 : 에어컨, 에너지, 에누리

· 애의 입 모양은 손가락 두 개가 세로로 들어갈 정도입니다.

　발음 연습 : 애호박, 애디슨, 애정

1. 거울을 보고 입 모양을 관찰해주세요.
2. 손가락을 넣고 빼면서 천천히 발음을 연습해주세요.
3. 소리를 녹음해서 들어주세요.

연습 후에는 친구들이나 부모님에게 배운 것을 알려주면 오랫동안 기억에 할 수 있어요.

미소가 예뻐지는
에와 애 발음 연습

이번 챕터에서는 선생님과 함께 '에'와 '애' 입 모양을 알아보겠습니다.
웃을 때 입 모양이 어떻지요? 반달 모양이지요?
에 와 애 발음도 웃는 모습에서 입꼬리에 힘을 주면 정확하게 발음할 수 있습니다.
예쁜 미소를 지으면서 선생님과 에와 애를 연습해봅시다.

반달 입 모양에 손가락 하나가 세로로 들어간다.

에 에 에 에 에 에 에 에 에 에 에
에~~~~~~~~~~~~~~~~~~~~~~~스
에~~~~~~~~~~~~~~~~~~~~~~~어컨
에~~~~~~~~~~~~~~~~~~~~~~~너지
에~~~~~~~~~~~~~~~~~~~~~~~누리
※ 물결표는 1박자입니다.

예스 예스 예스 예스 예스 예스 예스 예스 예스 예스
시험에 합격한 기쁨을 표현하는 모습으로 발음한다.
예쁘다 예쁘다 예쁘다 예쁘다 예쁘다 예쁘다 예쁘다 예쁘다
거울 속의 자신을 보면서 감탄하며 발음한다.

반달 입 모양에 손가락 두 개가 세로로 들어간다.

애 애 애 애 애 애 애 애 애 애 애 애
애 ~~~~~~~~~~~~~~~~~~~~~~~~호박
애 ~~~~~~~~~~~~~~~~~~~~~~~디슨
애~~~~~~~~~~~~~~~~~~~~~~~~정
※ 물결표는 1박자입니다.

애호박 애호박 애호박 애호박 애호박 애호박 애호박 애호박
예쁜 반달 미소를 지으며 애호박을 먹고 싶은 기분으로 발음한다.

이중 모음 연습하기

여러분, 모음이 무엇이죠? 모음에는 ㅏ,ㅑ,ㅓ,ㅕ,ㅗ,ㅛ,ㅜ,ㅠ,ㅡ,ㅣ 가 있습니다.
그렇다면 이중 모음은 무엇일까요? 바로 모음이 두 개 있다는 것입니다.
와-, 워 같은 발음을 보면 '오'와 '아'가 합쳐져서 '와'가 되는 것이고
'우'와 '어'가 만나서 '워'로 발음되는 것이지요.
우리 모음을 발음할 때는 입 모양이 중요하다고 배웠죠?
그래서 이중 모음은 입 모양을 두 번 바꾸어서 발음해야 합니다.

많은 친구들이 이중 모음 '와'를 '아'로 대충 발음한답니다.
우리는 정확하게 배워서 바르게 발음해보겠습니다.

배운 것을 점검하는 세 가지 질문	답변
1. 모음을 발음할 때는 어떤 것을 정확하게 만들어 주어야 할까요?	
2. 모음에는 어떤 것이 있나요?	
3. 이중 모음을 어떻게 발음해주어야 하나요?	

어려운 건 천천히 여러 번 보면서 연습해주세요. 서두르는 마음보다 차근차근 알아가는 것이 중요합니다. 스피치 공부를 하면서 적극적으로 부모님, 그리고 유튜브 명스피치를 통해서 선생님에게 물어봐주세요.

이중 모음 발음 연습

이중 모음이란 쉽게 말해 입 모양을 두 번 움직이는 것입니다.
예를 들어 '와'같은 경우는 오, 아가 합쳐져서 와! 이렇게 발음되는 것이지요.
그런데 이중 모음을 지켜주지 않고 발음하면 과자를 '가자', 과일을 '가일' 이렇게 발음을 할 수 있습니다.
이중 모음까지 똑 부러지게 발음해주어야 '우와! 저 친구 정말 발음이 좋다!'라고 생각할 수 있습니다.

1. 입 모양을 정확하게 합니다.
2. 스타카토로 끊어서 발음 연습을 해줍니다.
3. 이중 모음은 입 모양을 두 번 바꾸어서 연습합니다.

오 오 오 오 오 오 오 오 오 오
아 아 아 아 아 아 아 아 아 아
와와와 와와와 와와와 와와와 와와와
왕 왕 왕 왕 왕 왕 왕 왕 왕 왕
⇨ 오 입 모양으로 시작했다가 아 입 모양으로 바꿔주기

우 우 우 우 우 우 우 우 우 우
어 어 어 어 어 어 어 어 어 어
워워워 워워워 워워워 워워워 워워워
⇨ 우 입 모양으로 시작했다가 어 입 모양으로 바꿔주기

tip. 세상에서 내가 가장 야무지다고 생각하기

Chapter 10
어려운 리을 발음 연습하기

리을 발음은 7세 무렵에 완성될 만큼 어려운 발음이지요.
7세 이전의 학생이 리을 발음을 못하는 것은 당연합니다.
리을 발음은 혀의 힘과 유연성이 필요한 발음이기 때문입니다.
그래서 다른 발음들을 정확하게 구사할 수 있을 때, 마지막으로 잘 발음할 수 있는 것이 리을입니다.
그래서 스트레스 받지 말고 시옷과 리을이 나올 때 좀 더 천천히 발음해주는 좋은 습관을 가지면 좋겠습니다.

리을 발음을 하기 전에는 다른 발음보다 혀를 스트레칭 해주면 더 쉽게 발음할 수 있습니다.
다음과 같이 즐겁게 혀 운동을 해봅시다.

	재미있는 혀 운동하기
1	혀를 빼서 메롱을 50번 한다.
2	혀를 빼서 자신의 이름을 혀로 적는다.
3	혀로 단어를 써서 상대방이 맞히는 게임을 한다.
4	혀를 빼서 조리퐁 과자를 찍어 먹는다.
5	혀를 칫솔이라고 생각하고 오른쪽 10번, 왼쪽 10번 돌려준다.

어려운 리을 발음 정복하기

리을을 발음할 때 정말 중요한 것이 있습니다. 바로 조음점(소리 나는 지점)입니다. 혀끝이 앞니 뒤에 닿았다가 뒤로 말리면서 혀의 양옆으로 공기가 빠져나가 소리가 나는 발음입니다.

순서	1. 말의 가장 작은 단위 음소 스타카토 연습 2. 라 레 리 로 루 연습 3. 입 모양 퀴즈 4. 모음의 입 모양 연습 5. 문장 연습
음소	라 라 라 라 라 라 라 라 라 러 러 러 러 러 러 러 러 러 로 로 로 로 로 로 로 로 로 루 루 루 루 루 루 루 루 루 르 르 르 르 르 르 르 르 르 리 리 리 리 리 리 리 리 리
리을 발음 연습	라 레 리 로 루 천천히 10번, 빠르게 10번
입 모양 퀴즈	라디오, 라면, 러시아, 레몬, 레스토랑, 리본
입 모양	아이아오이 이어 아에 어이와 이오으오 어이으 우오 에으오아에어 어이아 으이으 어어아
문장 연습	라일락꽃이 피던 날에 언니와 리본으로 머리를 묶고 레스토랑에서 러시아 음식을 먹었다.

스피치 상담소

Q. 선생님, 저는 말이 웅얼거리고 빨라요. 어떻게 하면 좋을까요?

A. 말이 빠르고 웅얼거린다는 것은 턱을 벌리지 않고 발음을 한 것입니다. 말을 정확하게 하기 위해서는 입을 사진과 같이 벌리고 발음해야 합니다. 턱을 벌리면 절대로 빠르게 말을 할 수 없거든요. 사진처럼 양쪽 어금니가 떨어지고 턱을 열어 발음하는지 점검해주세요.

턱을 열고 발음해요!"

사진을 봅시다. 선생님이 턱을 벌릴 때 귀 밑에 손을 넣어보면 쏘옥 들어가는 것을 볼 수 있어요. 턱을 연 상태에서 발음해주세요.

"귀 밑에 공간이 생기나요?"

턱을 열어주는 발음으로는 '카'를 추천해요. 한 번 연습해볼까요?

카 카 카 카 카 카 카 카 카 카 끊어서 10번

카~~~~~~~~~~~~~~~~~~~~~~~~ 길게 1번

아, 이 정도로 턱을 벌려서 발음해야 하는구나 알 것입니다.

연기로 배우는 표현 훈련

어린 시절 집에서 개구쟁이였던 저는 학교만 가면 얌전한 아이가 되었습니다.
심지어 초등학교 1학년 때는 우유 급식의 우유를 가지러 가는 것조차
쑥스러워 한 달을 못 먹고 말았지요.
왜 그랬을까요?
저는 낯가림이 심했고 표현력이 부족했기 때문입니다.
그러나 고등학교 때 연극부에 들어가 제 성격은 180도 바뀌었습니다.
나의 감정을 정확하게 알고 표현하는 방법을 배웠기 때문입니다.
연기이기 때문에 내가 소리를 지르고 화를 내도,
다양한 감정을 표현해도 괜찮았습니다.
사람들은 오히려 '잘한다, 표현력이 좋다!'라고 하면서 박수를 쳐주었지요.
항상 뒤로 물러나던 제가 처음으로 연극 주인공을 했습니다.
제 목소리 하나, 손짓 하나가 무대를 채우고 성공적으로 공연을 마쳤을 때
이런 생각이 들었습니다. '아, 나도 무언가 잘 할 수 있는 사람이구나!'
무엇이든 할 수 있겠다는 자신감이 생겼지요.
스피치를 기술적으로 잘 배웠는데도 학교에서 적용이 잘 안된다면
그 아이는 표현력이 부족한 아동일 수 있습니다.
말한다는 것도 표현의 한 종류이기 때문에 표현력을 상승시키면
발표력이 향상될 수 있습니다.
이것은 저의 인생을 통해 자신감 있게 말할 수 있습니다.
연기의 대본은 학교생활에서 발생할만한 문제점을 재미있게 풀어보았습니다.
즐겁게 연기 놀이를 하고,
우리 아이가 위급한 상황에서 사용할 수 있으면 좋겠습니다.

연기 기초 훈련 발음

모음 자음	ㅏ	ㅑ	ㅓ	ㅕ	ㅗ	ㅛ	ㅜ	ㅠ	ㅡ	ㅣ
ㄱ	가	갸	거	겨	고	교	구	규	그	기
ㄴ	나	냐	너	녀	노	뇨	누	뉴	느	니
ㄷ	다	댜	더	뎌	도	됴	두	듀	드	디
ㄹ	라	랴	러	려	로	료	루	류	르	리
ㅁ	마	먀	머	며	모	묘	무	뮤	므	미
ㅂ	바	뱌	버	벼	보	뵤	부	뷰	브	비
ㅅ	사	샤	서	셔	소	쇼	수	슈	스	시
ㅇ	아	야	어	여	오	요	우	유	으	이
ㅈ	자	쟈	저	져	조	죠	주	쥬	즈	지
ㅊ	차	챠	처	쳐	초	쵸	추	츄	츠	치
ㅋ	카	캬	커	켜	코	쿄	쿠	큐	크	키
ㅌ	타	탸	터	텨	토	툐	투	튜	트	티
ㅍ	파	퍄	퍼	펴	포	표	푸	퓨	프	피
ㅎ	하	햐	허	혀	호	효	후	휴	흐	히

1. 나무젓가락을 물고 모음 입 모양을 생각하면서 가로로 1번씩 발음해주세요.
2. 나무젓가락을 물고 세로로 1번씩 발음해주세요.
3. 발음 후에는 메롱으로 혀를 스트레칭해 주세요.

표정 알아맞히기

감정 카드를 책상 위에 두고 감정 놀이를 해봅시다.

또래 관계가 좋은 아이들은 친구의 표정 변화를 금방 알아차리고 적절한 말을 거는 것을 볼 수 있습니다.

하지만 자기중심적인 아동은 상대방의 감정과 기분을 알아차리지 못하고 피해를 주는 행동을 하게 되지요.

아이의 또래 관계가 개선되길 바란다면 감정을 정확하게 알고 알아맞히는 훈련을 병행해야 합니다.

왜냐하면 행동이 아동의 성격을 형성하기 때문입니다.

1. 감정 카드 10장을 펼쳐놓는다.
2. 한 사람이 감정 카드에 쓰인 단어를 얼굴로만 표현한다.
3. 다른 사람은 알아맞힌다.
4. 맞히면 감정 카드를 갖는다.
5. 감정 카드에 해당하는 에피소드를 말한다.

놀이 형식으로 감정을 전달하는 표현 훈련입니다.

아이와 부모가 서로의 표정에 집중하며 감정을 표현하고 알아맞히는 훈련은 유대감 형성에도 좋습니다.

풍선으로 연습하는 기쁜 감정

아이들은 어른의 행동과 표현 방식을 똑같이 따라하는 미러링 훈련으로 감정을 표현하는 방법을 배웁니다.
그러나 부모님께서 표현력과 말수가 적은 분이라면 아이는 사람들 앞에서 적극적으로 자신의 감정을 펼치는 것에 상당한 어려움을 보입니다.

제가 가르쳤던 아동 중에서 감정을 표현할 때마다 부모님의 눈치를 보는 아이가 있었습니다. 힘차게 발을 구르며 표현하다가도 이렇게 하는 것이 맞는 것인지 표정 없는 어머니의 얼굴을 살피곤 했습니다. 하지만 부모님은 어떤 감정도 표현해 주지 않으셨죠. 어릴 때부터 아이에게 말을 걸고 다양한 표정을 보여주면 아이의 감정 발달에 효과적입니다.
풍선을 활용해 긴장되지 않은 상태에서 감정 놀이를 해주세요. 한결 자신감 있게 표현하는 아이를 볼 수 있습니다.

1. 풍선을 크게 분다.
2. 풍선에 밝게 웃는 모습의 표정을 그린다.
3. 2명이 한 조가 된다.
4. 풍선을 강하게 치면서 긍정적 표현을 한다.
5. 상대방도 다양한 단어로 풍선을 서브한다.

예시어) 사랑해, 좋아해, 보고 싶어, 반가워, 안녕하세요.

tip
부모님이 아이와 함께 풍선으로 기쁜 감정 표현을 연습해주세요.
아이와의 관계가 더 돈독해질 수 있습니다.

기쁜 감정 연기 대사

(다빈이의 머리를 쓰다듬으며)
우와, 우리 다빈이 이제 나쁜 말 안 하네. 정말 착하다.
누나가 화나면 어떻게 하라고 했지?
맞아! 마음속으로 하나, 둘, 셋, 넷, 열까지 숫자를 외치라고 했지. 숫자를 외치는데도 화가 계속 나면(호흡을 마시고 뱉는다) 이렇게 숨을 쉬어봐! 한결 나아질 거야.
감정을 말로 표현하는 일은 정말 멋진 일이야.
마음 가는 대로 화를 내면 나중에 후회하고 말거야.
누나는 다빈이가 앞으로도 잘할 거라고 믿어.

❋ 명이 쌤의 연기법

레슨 1. 앞니 8개가 보이는 상태에서 나무젓가락을 물고 발음 연습을 한다.
레슨 2. 앞에 인형이나 상대를 두고 연기한다.
레슨 3. 몸짓 언어를 넣어서 연기한다.
레슨 4. 끝말을 흐리지 않고 강하게 발음한다.
레슨 5. 한 문장이 끝나면 2박자 쉰다.
레슨 6. 먼저 웃고 대사를 하면 좀 더 쉽게 기쁜 연기를 할 수 있다.

감정 스피치

감정을 표현하는 법을 배웠다면 글로 정리하고 스피치 하는 훈련을 해보겠습니다.

1. 감정 단어 쓰기

긍정적인 감정으로는 기쁨, 가벼운, 가뿐한, 감동한, 감사한, 고마운, 다정한, 든든한, 따뜻한, 만족스런, 뿌듯한, 상쾌한, 상큼한, 편안한, 자랑스러운, 포근한, 행복한, 홀가분한, 활기찬, 흡족한, 충분된, 귀여운 등등 이 밖에도 셀 수 없이 많습니다. 감정에 대한 어휘를 안다는 것은 그것을 표현하고 사고할 수 있는 표현력이 있다는 것이지요.

감정을 세분화하여 구분하고 단어를 쓰는 과정을 통해 아동이 어느 정도의 감정을 알고 있는지 점검해주시고, 모르는 감정이 있다면 어학 사전과 부모님의 경험을 통해 알려주세요.

2. 삼단 논법

말에는 순서가 있어야 조리 있게 말을 할 수 있습니다.
또한 배운 것을 실천하지 않으면 내 것이 되지 않습니다.
연기 표현 훈련 다음에는 삼단 논법으로 연기한 감정을 스피치 합니다.

3. 육하원칙으로 정리하는 에피소드

자신의 경험은 돈을 주고도 살 수 없는 자산입니다.
아동이 자신의 경험을 육하원칙으로 정리하여 스피치를 할 때 에피소드로 활용할 수 있도록 만들어주세요.
그리고 이 모든 것은 발표를 통해 마무리해야 합니다.

기쁜 감정 스피치

1. 내가 아는 긍정적인 감정의 단어를 10개 작성해 주세요.

_____

_____

_____

2. 감정 삼단 논법 스피치

나는 기쁜 감정이_____라고 생각한다.

왜냐하면_____때문이다.

그래서 난 기쁜 감정이_____라고 생각한다.

3. 기쁜 감정 육하원칙

Q. 언제 기쁜 감정이 들었나요? 자세히 적어보세요.

언제 :

어디서 :

누가 :

무엇을 :

어떻게 :

왜 :

나는 이 감정을 통해_____를 느꼈다.

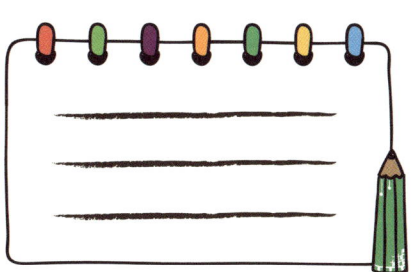

두 개의 감정 훈련

감정은 단편적인 것이 아닙니다.
아침에는 좋았다가 저녁에는 마음이 상하는 일도 있고, 변화무쌍하지요.
그래서 두 개의 감정을 연결해서 표현하고 아동이 맞히는 감정 표현 훈련을 준비했습니다.
놀이가 끝난 후에는 하나의 사건에 감정이 변했던 일을 기억하면서 스피치 놀이를 합니다.
아이가 먼저 말하기 어려워한다면 부모님의 이야기를 먼저 해주고 아동이 어떻게 말해야 하는지 관찰하게 해주세요.
처음에는 어려워하던 아이도 이제 부모님만 보면 하루의 감정을 이야기하고 싶어하는 적극적인 아이로 변하게 되는 것을 볼 수 있습니다.

1. 감정 카드 15장을 펼쳐놓는다.
2. 감정 2개를 연달아 말없이 표현한다.
3. 다른 사람은 알아맞힌다.
4. 맞히면 두 장의 감정 카드를 갖는다.
5. 감정 카드에 해당하는 에피소드를 말한다.

풍선으로 부정적 감정 표현

영화 〈인사이드 아웃〉에서 인상 깊은 장면이 있었습니다.

친구가 힘들어할 때 조이가 다가가 기쁨으로 응원을 하려고 했지만 상대는 기쁜 응원을 받아들일 준비가 되지 않았습니다. 조이를 피해 자리를 옮긴 곳에서 슬픔이 다정하게 와서 그 아이를 토닥여주었습니다. 그제야 아이는 슬픔에 안겨서 마음껏 울 수 있었습니다.

우리는 '기쁘고 긍정적인 감정만 좋은 감정이다'라는 인식을 가지고 있는 것일지도 모릅니다.

아이에게도 항상 말을 잘 듣고 화내거나 짜증 부리지 않기를 바라고 있는지 모릅니다. 하지만 감정은 모두 소중합니다. 불편해하는 감정을 잘 관리하지 못한다면 아이는 점점 불안한 아동으로 자라나게 됩니다.

풍선을 통해서 아이와 부정적인 감정도 활기차게 표현해보세요.

---

1. 풍선을 크게 분다.
2. 풍선에 화난 모습, 우는 모습의 표정을 그린다.
3. 2명이 1조가 된다.
4. 풍선을 강하게 치면서 부정적 표현을 해본다.
5. 상대방도 다양한 단어로 풍선을 서브한다.

예시어) 하지 마, 싫어, 미워, 혼난다, 나빠, 속상해

화난 감정 연기 대사

뭐라고, 내가 돼지라고?
네가 돼지라고 말해서 나는 정말 마음이 속상했어.
나와 친해지고 싶어서 별명을 부른다는 건 알지만 모든 친구들이 있는 곳에서 상대방이 싫어하는 별명을 부르는 것은 잘못된 일이야.

너는 친구에게 상처를 주고 싶어 하는 아이가 아니잖아.
나는 너와 친하게 지내고 싶어.
앞으로는 돼지라고 놀리지 않았으면 좋겠어.
자, 어서 나와 약속해줘!
약속해주어서 정말 고마워.

❋ 명이 쌤의 연기법

레슨 1. 앞니 8개가 보인 상태에서 나무젓가락을 물고 발음 연습을 한다.
레슨 2. 앞에 인형이나 상대를 두고 연기한다.
레슨 3. 몸짓 언어를 넣어서 연기한다.
레슨 4. 끝말을 흐리지 않고 강하게 발음한다.
레슨 5. 한 문장이 끝나면 2박자 쉰다.
레슨 6. 호흡을 불규칙적으로 내쉬면서 그 다음에 대사를 하면 쉽게 화나는 연기를 할 수 있다.

화난 감정 스피치

또래 관계에서 가장 힘든 것은 다툼이 있을 때입니다. 해결하는 방법을 모른다면 같은 상황이 반복되고 아동에게는 심적 부담감으로 다가올 수 있지요.

힘들었던 감정을 말로 꺼내는 것은 어른에게도 힘들지만 아동은 당시의 상황을 회상해야 하기 때문에 두 배 더 힘들다고 합니다. 상처를 어설프게 꺼내기보다는 감정 연기를 통해 감정을 표현하고, 비밀 쪽지를 만들어보세요.

방법은 스케치북에 아이가 힘들었던 감정을 모두 적고 구기고 접고 찢어서 감정 쓰레기통에 넣는 것이지요. 또한 다 끝나고 '이제 이런 슬픈 감정, 화나는 기억은 나를 괴롭히지 못해!'라고 단호하게 선포하도록 만들어주세요.

아이의 좋지 못한 기억이 개선되는 경험을 할 수 있습니다.

1. 내가 아는 화난 감정의 단어를 10개 작성해 주세요.

_____

_____

_____

2. 감정 삼단 논법 스피치

나는 화난 감정이 _____ 라고 생각한다.

왜냐하면 _____ 때문이다.

그래서 난 화난 감정이 _____ 라고 생각한다.

3. 화난 감정 육하원칙

Q. 언제 화난 감정이 들었나요? 자세히 적어보세요.

언제 :

어디서 :

누가 :

무엇을 :

어떻게 :

왜 :

나는 이 감정을 통해＿＿＿＿＿＿＿＿＿＿＿＿＿＿＿＿＿를 느꼈다.

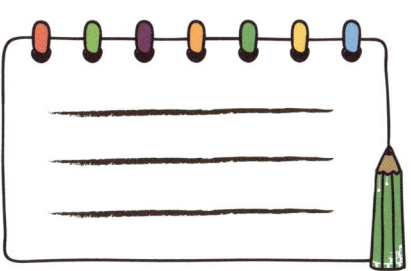

Chapter 13

감정 빙고

1. 빈칸에 감정을 쓰세요.
2. 감정을 얼굴 표정으로만 표현합니다.
3. 상대방이 하는 감정을 맞히면 동그라미를 칩니다.
4. 3빙고를 만듭니다.
5. 9개의 감정 중에 마음에 드는 3가지 감정을 고릅니다.
6. 3가지 감정이 들어가는 한 줄의 짧은 글을 작성합니다.
7. 작성한 글을 바탕으로 연기 대본을 만듭니다.
8. 즐겁게 발표합니다.

tip. 저학년이라면 3빙고를 만들어서 연습하고 고학년부터는 칸의 수를 늘려서 4빙고, 5빙고로 진행해주세요.

❋ 감정 빙고 예시

놀란	신나는	편안한
자랑스러운	기쁜	화난
뿌듯한	슬픈	무서운

1. 9개의 감정 중에 마음에 드는 3가지 감정을 고릅니다.

   선택한 단어 : 놀란, 슬픈, 신나는

   생일인데 아무도 축하해주지 않아서 정말 슬펐다.
   속상해서 집에 가려는데 갑자기 불이 탁 꺼졌다.
   그러더니 우리 반 아이들이 예쁜 케이크에 초를 켜고 반으로 들어왔다.
   정말 놀라서 뒷걸음질하는데 아이들이 생일 노래를 불러주었다.
   내 인생에서 가장 신난 생일 파티였다.

2. 작성한 글을 바탕으로 연기 대본을 만듭니다.

   내 생일인데 아무도 축하해주지도 않고 속상해.
   집에나 가야겠다. 어, 갑자기 왜 캄캄해졌지?
   (놀라서) 헉, 이게 뭐야! 내 생일 케이크?
   정말 고마워! 잊지 못할 생일이야.

한정된 대사로 만드는 상황극

아역 배우들은 연기하기 전에 상황극 훈련을 합니다. 연기 대본에 나오는 인물들은 다양한 사건을 통해 자신의 감정을 표현해야 하기 때문입니다.
하지만 아역 배우들은 아직 삶에 대한 경험이 많지 않기 때문에 상황극을 통해서 감정 훈련을 합니다.
아역 배우들만 하는 특별한 연기 훈련, 지금 시작합니다.

❈ **장소에서 하는 행동 연기**

인원 : 최소 2명

1. 제한된 3분의 시간 동안 연기합니다.
2. 장소를 선택합니다.
3. 말을 하지 않고 장소에서 할 수 있는 행동을 보여줍니다.
4. 상대방은 그 장소가 어떤 장소인지 알아맞힙니다.

도서관	공원	놀이공원	찜질방

❋ 한정된 대사로 하는 상황극

응	아니	고마워	미안해

1. 제한된 3분의 시간 동안 연기합니다.
2. 장소를 선택합니다.
3. 한 명은 아래 제시된 한정된 대사만 할 수 있습니다.
4. 다른 한 명은 상대방이 한정된 대사만 할 수 없도록 상황을 이끌어 갑니다.
5. 한정된 대사 이외의 말을 하면 탈락합니다.

tip

한정된 대사 상황극으로 아동은 순발력을 기를 수 있습니다.

슬픈 연기 대사

내가 얼마나 열심히 키운 병아리인데 이렇게 죽다니.
(병아리를 보며) 꼬꼬야, 미안해.
어젯밤에 자야 하는데 왜 이렇게 삐악거리냐고 화내서 미안해.
물도 바짝 말랐는데 숙제하느라고 바빠서 제때 주지 못해서 미안해.
엄마한테 책임감 있게 끝까지 잘 키울 거라고 했는데, 2주 만에 너를 하늘나라 보내서 정말 미안해.

(병아리를 화단에 정성스럽게 묻어주며)꼬꼬야.
하늘나라 가서는 아프지 말고, 힘차게 모이도 먹는 거야. 알았지?
나도 편식 안하고 씩씩하게 공부도 잘할게.
꼬꼬 잘 가!

✽ 명이 쌤의 연기법

레슨 1. 앞니 8개가 보이는 상태에서 나무젓가락을 물고 발음 연습을 한다.
레슨 2. 앞에 인형이나 상대를 두고 연기한다.
레슨 3. 몸짓 언어를 넣어서 연기한다.
레슨 4. 끝말을 흐리지 않고 강하게 발음한다.
레슨 5. 한 문장이 끝나면 2박자 쉰다.
레슨 6. 장 호흡으로 깊게 마시고 천천히 내쉬면서 대사하면 슬픈 연기를 좀 더 편하게 할 수 있다.

슬픈 감정 스피치

애완동물을 키운 적이 있나요? 동물과의 교감은 아이의 정서 발달에 도움을 주지만 이별은 아이에게 트라우마로 남을 수 있습니다.

여러분, 연극에는 감정을 치유하는 효과가 있다는 것을 알고 계신가요?

연기 표현 훈련을 통해서 슬픔의 감정을 표현하고 아이와 키웠던 애완동물, 식물에 대해 이야기를 나누고 글로 정리해서 발표해보세요.

1. 내가 아는 슬픈 감정의 단어를 10개 작성해 주세요.

_____

_____

_____

2. 감정 삼단 논법 스피치

나는 슬픈 감정이 _____ 라고 생각한다.

왜냐하면 _____ 때문이다.

그래서 난 슬픈 감정이 _____ 라고 생각한다.

여러분은 슬픈 감정이 무엇이라고 생각하시나요?

3. 슬픈 감정 육하원칙

Q. 언제 슬픈 감정이 들었나요? 자세히 적어보세요.

언제 :

어디서 :

누가 :

무엇을 :

어떻게 :

왜 :

나는 이 감정을 통해_____를 느꼈다.

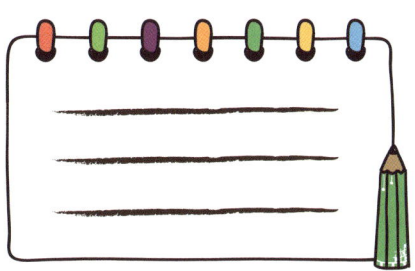

속담 몸짓 언어 훈련

그동안 표정 훈련을 했다면 오늘은 몸짓 언어를 훈련해보겠습니다.
속담은 하나의 에피소드로 구성되어 있습니다.
다양한 상황을 한 줄의 문장으로 정리한 것이지요.
속담을 몸으로 표현하면서 즐겁게 몸짓 언어 연습도 해 보세요.

1. 제한 시간 3분을 맞추자.
2. 속담 10개를 준비한다.
3. 몸짓만으로 속담을 표현한다.
4. 놀이가 끝난 후에는 어떤 상황에서 속담을 사용할 수 있는지 스피치 놀이를 하자.

1. 가는 말이 고와야 오는 말도 곱다.
2. 발 없는 말이 천 리 간다.
3. 아 다르고 어 다르다.
4. 말이 씨가 된다.
5. 혀 밑에 도끼 있다.
6. 호랑이도 제 말하면 온다.
7. 말 한마디가 천 냥 빚을 갚는다.
8. 낮에 한 말은 새가 듣고 밤에 한 말은 쥐가 듣는다.
9. 남의 잔치에 감 놔라 배 놔라 한다.
10. 화살은 쏘고 주워도 말은 못 줍는다.

tip. 말과 관련된 속담으로 스피치 훈련의 중요성을 이야기해봅니다.

가나다 대본 만들기

학교에서 교육 연극을 진행할 때 아이들이 가장 좋아하는 것이 바로 대본 만들기 수업이었습니다.

가 나 다 라 마 바 사 아 자 의 순서대로 대본을 만들고 연기를 했습니다.

저마다의 기발한 상상력으로 대사를 작성하는 아이들의 기지가 대단했습니다. 여러분도 부모님과 함께 또는 친구들과 즐겁게 대본을 만들고 연기하면서 마음껏 여러분의 감정을 표현해보기를 바랍니다.

가
나
다
라
마
바
사
아
자

✱ 가나다 대본 만들기 예시

1. 가나다 순서대로 대본을 만들어 주세요.
2. 친구와 번갈아서 연기를 합니다.
3. 대사를 논리적으로 작성해 주세요.
4. 어려운 모음은 빼고 진행해도 괜찮습니다.
5. 친구의 대사와 어울리는 나의 대사를 만들어 주세요.
6. 받침을 넣어도 좋습니다.

가 연아 네가 가장 좋아하는 음식이 뭐야?

나 ?

다 말해봐, 내가 사줄게.

라 면!

많 은 음식 중에 라면?

바 로 끓여서 금방 먹을 수 있잖아.

사 이좋게 같이 먹을까, 그럼.

아! 정말 좋지.

자 그럼 같이 라면 먹으러 가자!

즐거운 감정 연기 대사

선생님은 유일하게 저에게 칭찬해주신 분이에요.
전 저 자신이 보잘것없다고 생각했어요.
부모님 기대에 부흥하지도 못하고 열심히 공부해도 100점을 맞지 못했죠.
아무것도 잘하지 못한다 생각했어요.
그런데 선생님은 그런 저도 칭찬해 주셨어요.
인사를 잘한다고, 글을 잘 쓴다고, 예의가 바르다고.
한 번도 저에게 공부를 왜 못하는지,
맞춤법이 왜 엉망인지 혼내지 않으셨어요.
어느 날 선생님이 저에게 '괜찮아, 공부보다 중요한건 네가 행복한 거란다'라고 말해주셨을 때 저는 기뻐서 울 수밖에 없었어요.
저에겐 그 한마디가 필요했어요.
선생님 덕분에 겨우 웃을 수 있었어요.

✱ 명이 쌤의 연기법

레슨 1. 앞니 8개가 보이는 상태에서 나무젓가락을 물고 발음 연습을 한다.
레슨 2. 앞에 인형이나 상대를 두고 연기한다.
레슨 3. 몸짓 언어를 넣어서 연기한다.
레슨 4. 끝말을 흐리지 않고 강하게 발음한다.
레슨 5. 한 문장이 끝나면 2박자 쉰다.

즐거운 감정 스피치

1. 내가 아는 즐거운 감정의 단어를 10개 작성해 주세요.

_____

_____

_____

2. 감정 삼단 논법 스피치

나는 즐거운 감정이 _____ 라고 생각한다.

왜냐하면 _____ 때문이다.

그래서 난 즐거운 감정이 _____ 라고 생각한다.

3. 즐거운 감정 육하원칙

Q. 언제 즐거운 감정이 들었나요? 자세히 적어보세요.

언제 :

어디서 :

누가 :

무엇을 :

어떻게 :

왜 :

나는 이 감정을 통해_____를 느꼈다.

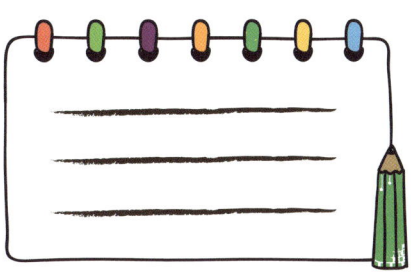

스피치 습관 후 느낀 점 쓰기

선생님과 마지막 수업입니다.
14일 동안 스스로와의 약속을 지키고 여기까지 온 여러분을 응원해요!
말은 평생 사용하는 건데 한 번도 배우려고 하지 않는 사람들이 많습니다. 그런데 여러분은 무려 14일 동안 자신의 감정과 생각을 말로 표현하려고 노력했지요? 여러분의 배운 스피치는 삶 속에서 항상 반짝반짝 빛나고 있을 거예요!

· 에피소드 말하기

(　　　)년 (　　) 월 (　　　) 일부터
(　　　)년 (　　) 월 (　　　) 일까지
14일 동안 스피치 습관을 만들었다.

(사실 쓰기)
호흡, 발성, 발음 낭독까지 14일 동안 하루도 빼먹지 않고 훈련을 했다.
나만의 스피치 습관을 만들고 나니

(배운 후의 나의 감정 쓰기)
_____ 기분이 들었다.

끝까지 포기하지 않고 해낸
나는 정말 최고다!

나무젓가락 낭독연습
- 다짐 문장 -

레슨 1. 앞니 8개가 보인 상태에서 나무젓가락을 물고 발음 연습을 한다.

레슨 2. 파란색 부분은 나 몸짓 언어와 숫자 몸짓 언어를 넣어서 발표한다.

레슨 3. 빨간색 부분 끝말을 강하게 발음한다.

나는 세상에서 가장 소중한 ○○○입니다.

첫째, 나와 약속한 14일의 스피치 시간을 꼭 지켰습니다.

둘째, 14일 후에는 자신감 있는 나로 변했습니다.

셋째, 혼자 연습하지 않고 부모님과 함께 했습니다.

나는 내가 해낼 것을 믿었습니다.

14일의 스피치 습관으로 난 변화했습니다.

에필로그

스피치 수업이 끝나고 한 학생이 쭈뼛거리며 저에게 다가왔습니다.
침을 꼴딱 삼키더니 떨리는 목소리로 이렇게 말했죠.

"선생님 저, 스피치 대회 나가고 싶어요."

저는 순간 마음이 울컥했습니다.
바로 그 아이가 프롤로그에서 만난 학생이기 때문입니다.
친구가 폭력을 가해도
"하지 마!" 한마디 말하기 어려워하는 아동에서
도전하는 아동으로 바뀐 것입니다.

이것이 바로 스피치의 힘입니다.

타인을 설득하는 말하기보다 우선인 것은 자신의 감정을 명확하게 알고
그것을 말로 표현하는 능력입니다.
의사소통을 하기 어려워하는 아이들은
비언어적인 행동으로 감정을 표현할 수밖에 없는데요.

예를 들어 화가 난 상황에서 떼를 쓴다거나 울음을 터트리고
심지어 주변 사물을 던지면서
자신의 감정을 말이 아닌 행동으로 표현합니다.

말이라는 첫 단추를 제대로 시작해야 합니다.
누구를 누르고 위를 선점하는 말하기가 아닌,
자신을 존중하고 주변을 배려하는 말솜씨를 배워야 할 것입니다.

바쁜 직장 생활로 아이를 양육하기 힘든 이 시대의 부모님들에게
이 책이 조금이나마 도움이 되셨으면 좋겠습니다.
감사합니다.

초등학교 연기 수업 학생들 후기

💗 선생님께서 잘 설명해주셔서 귀에 쏙쏙 잘 들어오는 것 같아요!

💗 명실 쌤이 쉽게 얘기해서 더 잘할 수 있었고 재미있었습니다.

💗 선생님 수업 엄청 재미있어요.

💗 선생님이 친절하게 연극을 알려주셔서 좋았어요.

💗 연극 선생님이 쉽게 알려주셔서 즐겁게 연극을 할 수 있었던 거 같아요. 선생님 사랑해요.

💗 연극 선생님은 항상 당당하시고 재미있으셔서 좋아요.

💗 선생님 목소리가 참 좋네요.

💗 연극 수업을 듣고 발음이 더 좋아졌어요!

💗 풍선 호흡을 한 게 재미있었고, 지난번에 배웠던 속담으로 연기한 것도 좋았습니다.

💗 선생님이 다양한 꿀팁을 알려주어서 좋았어요.

💗 나도 연극을 하며 내 감정을 조금 잘 표현할 수 있게 되어서 좋아요.

💗 어렵지 않고 재미있게 행동하시고 설명해주셔서 좋았어요.

💗 선생님은 연극 수업을 아주 잘하세요.

부모님 후기 글

안녕하세요.
저는 2학년 제이 엄마입니다.
우리 아이가 여러 사람 앞에서 이야기하는 걸 유독 어려워했고, 또래 관계에서도 자신의 의견을 전달하는 데에 어려움이 있었습니다.
조명실 선생님의 스피치 수업을 하면서 무대에 대한 막연한 두려움을 해소할 수 있었고, 지금은 학교 수업 시간에도 적극적으로 발표하는 자신감을 갖게 되었습니다.
무엇보다 가장 큰 변화는 또래 관계에서 친구들의 말을 경청하며 자신의 생각을 똑 부러지게 말할 수 있게 된 점입니다.
그런 점에서 스피치 훈련은 우리 아이에게 기회의 장을 열어주는 것이라고 생각합니다.

- 동탄에서 제이 맘

명실 선생님은 정말 아이들에게 진심인 사람입니다.
한 사람의 입에서 나오지만 천 사람의 귀로 들어갈 우리 아이 말의 기본을 올바르게 다지고 싶다면 이 책이 답입니다.

- 수원에서 유민 맘

클래스톡 키즈 스피치 온라인 강의 후기

강의가 너무 훌륭하셔서 8살짜리 저희 아이도 재미있게 들었습니다. 선생님의 오랜 경력과 노하우가 느껴져서 다른 어떤 키즈 스피치 강의보다도 아이가 즐겁게 듣고 남은 것도 많은 것 같습니다.

- 노아맘

너무 좋은 강의 감사드립니다.
말하기 하는 데 많은 도움이 되었습니다.^^

- 허신우

선생님의 목소리가 또랑또랑해서 저희 아이가 보면서 따라하고 있네요. 옆에서 저도 같이 해본답니다.
애랑 웃으면서 같이 하니 서로 좋은 것 같아요.
자신감을 얻도록 열심히 해보겠습니다.^^

- 롱아맘

키즈 스피치를 수강하면서 발성, 호흡, 발음 등을 배우고 반장 선거 공약과 제스처 등을 배워서 자신의 의견을 잘 말하지 못하는 아이에서 당당한 아이로 바뀐 것 같네요. 재미있어서 웃으면서 수강했어요.

아이의 자신감 있는 발표력을 위해 신청했는데 매일 재미있게 수업을 듣고, 실천하려고 노력하는 모습에 감사한 수업이었습니다.

– 상큼짱

저는 키즈 스피치를 하면서 선생님과 발음, 발성, 즉흥 스피치를 배워서 좋았어요. 제가 회의를 하거나 연설 또는 나중에 꿈꾸던 일을 할 때 지금 배운 키즈 스피치가 도움이 될 것 같아요. 전 원래 말을 잘 못하고 반장 선거도 어떻게 해야 하는지 몰랐는데 가르쳐 주셔서 감사해요. 고맙습니다.

선생님 정말 정말 사랑해요.

– 시온이가

기쁜	편안한
궁금한	감동적인
신기한	반가운
감사한	설레는
다정한	자랑스러운

재미있는	뿌듯한
홀가분한	그리운
만족스러운	활기찬
실망한	불쌍한
쑥스러운	답답한

화난	억울한
무서운	지친
놀란	걱정스러운
피곤한	슬픈
미운	지루한